就活の鬼十則

小杉樹彦
上武大学ビジネス情報学部専任講師／教育評論家

まえがき：学歴フィルターをブチ壊す逆転内定

就職活動――略して、就活。

その「真実」を告白しよう。

就活において、学歴は圧倒的なアドバンテージになる。

これは紛れもない真実だ。東京大学をはじめ、早稲田大学、慶應義塾大学などのブランド大学は、採用担当者がその名前を目にしただけで就活生への見方が変わる。

上場・有名会社のトップ内定者は、このようなブランド大学出身者によって独占される。ウソだと思うなら、試しに内定者一覧の出身大学をチェックしてみるといい。

誰もが聞いたことのある超難関・有名大学のオンパレードのはずだ。

一方、前述した大学以外に通う学生は、上場・有名会社ともなれば説明会にすら参加させてもらえない現実がある。

採用担当者の本音が語られることは決してなく、「残念ながら満席です」などとWEB上で体よく断りを入れられるだけだ。

これは「学歴フィルター」と言って、キミにとっては残酷すぎる、もう一つの「真実」かもしれない。

では、大学のブランド力で劣る人は、就活において、どう逆立ちしても挽回は不可能なのだろうか？

「こんな酷いことを教えておいて、そんな気休めを……」と思うかもしれないが、決してそんなことはない。

事実、私はとある私大で教鞭を執っているが、ゼミ生は毎年、上場・有名会社をはじめ、続々と内定を獲得している。

彼ら、彼女らは、その他の大勢に埋もれてしまう学生と何が違うのか？

その最大の勝因は、「就活の鬼十則」を徹底していることだ。

それは、内定を獲得し、キミらしく働き続けるために欠かせない大原則である。

「昨日の常識は今日の非常識」と言われるほどに現代社会は変化が激しい。

そんな時代であっても、本書で伝える鬼十則は学歴フィルターをブチ壊し、5年後、10年後も通用する「鬼強ルール」と言える。

このわずか十の原則を愚直に守れば、キミもきっと就活に希望を持つことができるだろう。

本書は普段あまり本を読まない人でも、とっつきやすいように、文字もゆったりと組まれている。

また、気づいたことや学んだことを直接書き込めるようにNOTEが付いている。

肩の力を抜いて、気軽にカフェなどで読んでほしい。

それでは、早速、始めよう！

就活の鬼十則 目次

第一則

「フライングスタート」を切れ。

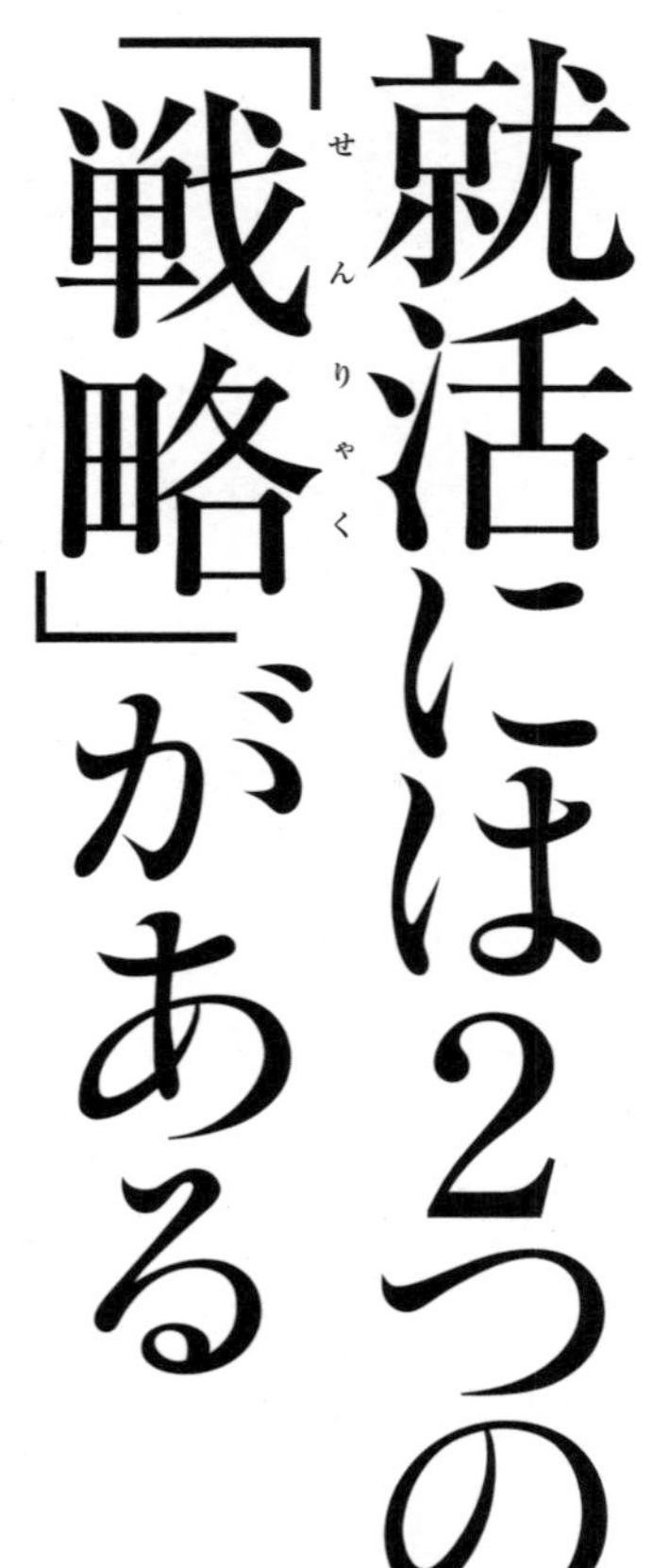

就活には2つの「戦略（せんりゃく）」がある

「フライングスタート」を切れ。

就活において「戦略」は欠かせない。

走り出す前にどう戦うか、全体の方向性を決めなければ熾烈な就活戦線は切り抜けられない。

就活の戦略には大きく次の2つがある。

□前半逃げ切り型

□後半追い込み型

1つ目は、就活をスタートした直後から追い込みをかけて、勝負をつけてしまうパターン。

2つ目は、前半は会社の出方やライバルの様子を伺い、後半から本調子を出すパターン。

両者で、採用する人物像はまったく異なる。

前者はいわゆる、多くの会社が欲しがる「優等生タイプ」。

後者はこれから大化けするかもしれない「将来性タイプ」。

ある人事担当者曰く、後者にはかなりユニークな学生が集まるという。

では、果たして「前半逃げ切り型」と「後半追い込み型」、どちらの戦略を取るのがべターなのだろうか？

キミ自身が、他の就活生と明らかに違う価値があると断言できるなら話は別だが、そうでないなら、私は前者をおすすめする。

就活では、むしろ「フライングスタート」を切ってほしい。

フライングスタートとは、合図の号砲が鳴る前に走り出すことだ。

「青田買い」などといって、会社が優秀な就活生を早い時期にリクルートする行為は国で禁止されていることはキミもご存知の通りだ。

だが、それはあくまでも会社側に限った話だ。

就活生がフライングスタートを切ることは何ら問題ない。

徒競走でフライングをしたら失格だが、就活ではどれだけ早く走り出そうが問題ない。

それどころか、その後のレースで圧倒的に有利に働く。

学歴や能力で劣る人が、横一列にスタートしたのでは間違いなく分が悪い。

しかしながら、仮に、キミの学歴や能力が他の就活生より劣っていたとしても、先に走り出しているのだから、そのリードのおかげで逃げ切ることができる。

だからこそ、キミも本書を読み終えると同時に動き出してほしい。

最初の一歩をいち早く踏み出せる力は、他のあるゆる才能を凌駕（りょうが）する。

なぜ、一週間の始まりは「日曜日」なのか？

事実、国内のトップ内定者はもとより、世界標準で「エリート」と呼ばれる就活生もまた、例外なくフライングスタートを切っている。

学歴も能力もすこぶる高い彼ら、彼女らがすでに動き出しているのに、キミが動き出さなくていいはずがない。

ところで、一週間の始まりは何曜日かと質問すると、学生のなかには時折、「月曜日」と答える者がいる。大学の講義が月曜日から始まる大学もあるわけだから、そう錯覚してしまう人が出るのもわかる。

だが、もちろん、答えは「日曜日」だ。

一週間は日曜日を起点にして始まる。

キミはなぜ、一週間の始まりは月曜日ではなく、「日曜日」なのかわかるだろうか？

それは日曜日が今週からの戦闘に備えた「準備日」だからだ。

世界標準のエリートは土日で弾丸旅行に出かけたりはしない。

土日のうち、いずれか1日は仲間と一緒に大いにはしゃぐかもしれない。

レジャーに出かけたり、飲み歩いたり、スポーツ観戦をしたりもするだろう。

しかし、120%体力を消耗することはない。

逆に、体力の回復に努め、翌週に向けた準備に時間を費やすのだ。

つまり、単純に考えて、24時間早く動き出しているということだ。

実際、就活で劣勢に立たされている人で、月曜日からフル稼働できている人は少ない。「本調子が出るのは月曜日の午後から」という人が大勢いる。

そうなると、30時間近い遅れを取ることになる。

もしここに、一般的な人が1時間で終わることに、3時間かかる人がいたとしよう。それでも、日曜日を起点にフライングスタートを切れば、どうだろうか?

月曜日の午後までダラダラ過ごした人と比べて、10時間分、リードしてスタートすることになる。つまり、能力が劣っていたとしても、これで帳消しにできるというわけだ。それどころか、スタートからライバルに差をつけることができるのだ。

これが1ヶ月、半年と続いたらどうだろうか?

到底追いつけない大きな差となって現れる。

自分よりも能力の高い相手を周回遅れにすることもできるのだ。

フライングスタートはまさに就活における「極意」と言えるだろう。

1週間の始まり

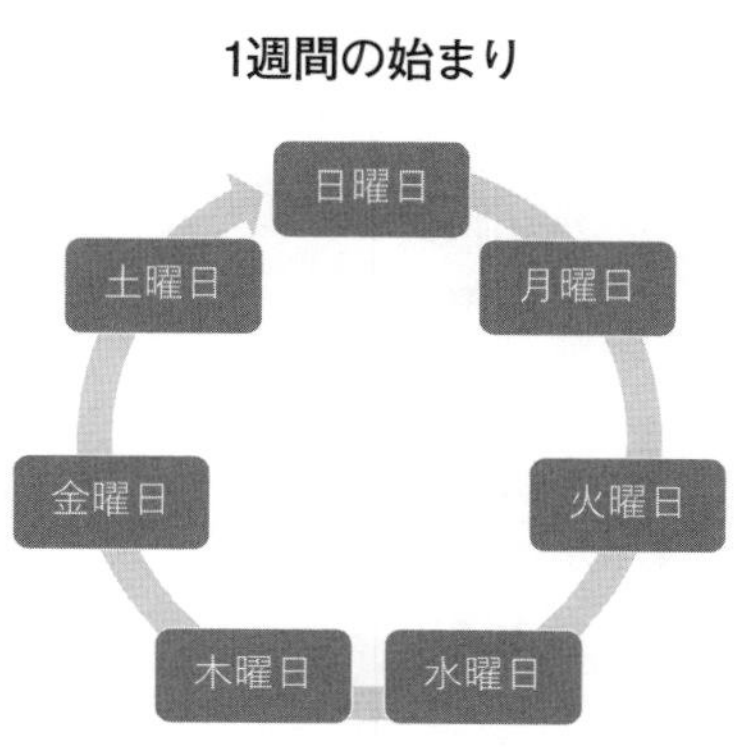

「マイペースなハイペース」を目指す

「フライングスタート」を切れ。

トップ内定者には共通する特徴がある。

それは「マイペース」なところだ。

自分のペースで就活を進め、次から次へと内定を獲得する。

これこそが、トップ内定者から漂う余裕の正体だ。

だが、マイペースと聞いて、キミはどのように感じるだろうか?

「スローペース」を連想するのではないだろうか。

それは勘違いだ。

スローペースな人間は論外である。

生き馬の目を射抜く競争の世界を生き残ることは難しいだろう。

「マイペースなハイペース」

これこそが、就活で目指すべき理想形だ。

「マイペースな人間は、周囲の足を引っ張る」と批判されることがあるが、それはあくまでも「スローペース」に限った話だ。

人より早く進む分には、誰からも文句を言われない。

それどころか、「フットワークの軽い人」として、周囲からも一目置かれる。得意なことはどんどん進めて、もし周回遅れの人と出会ったら、その時、助けてあげればいい。

キミが周囲から認められたいと思うなら、常に「マイペースなハイペース」を貫こう。他人のペースを気にせず、結果として内定を獲得できるのなら、これ以上のことはない。

一方、「マイペースだが、スローペースだ」という人は、今日から自分のペースを一段ずつ上げ、まずは他者と比べても引けを取らない程度のスピードを身につけよう。

就活において、スピードは武器になる。

もっと言えば、就活に限らず、この先、キミが働く上で必ずや備えておかなくてはいけない重要な能力だ。

「就活はすべてフライング」

そのくらいの気持ちでいてちょうどいい。

「午前10時」までが真剣勝負

1日の始まりもフライングだ。

就活の予定、会社説明会や面接も午前中に入れよう。

重要な準備は午前中に済ます。

就活には、「ゴールデンタイム」が存在する。

私はトップ内定者に「面接時間をいつに設定するのか」を調査したことがある。

すると、「午前中」という人が圧倒的に多いことがわかった。

就活で結果を出す人の朝は早いのだ。

頭が冴えわたっている状態でないと、キミの本領を発揮することはできない。

午前中でも、特に「ゴールデンタイム」と呼ばれる時間帯がある。

それが起床してから「午前10時」までの間だ。

一方で、「何をやっても頭が回らない」という負の時間もある。

それが次の時間帯だ。

「13時〜15時」

「20時以降」

この時間帯は、誰しも集中力が低下しがちだという。
就活という非日常的な環境で緊張しているとはいえ、徐々に疲れも出てくる。
では、午後は何をすべきか？
それは具体的に次のようなことだ。

□メールの返信
□事務作業
□昼寝

つまり、頭を酷使しなくてよい単純作業だ。
昼寝をして体力の回復に努めるのもいい。
時間帯によって、能率はまったく違う。
集中力が落ちているタイミングで無理をするのは賢明ではない。
特に、夏冬の長期休みに入ると生活が不規則になりがちだ。
早朝から始動できる生活のリズムを整えよう。

「5分前」行動を心がけよ

「フライングスタート」を切れ。

人生には「３つの坂」がある。

１つ目は「上り坂」。

２つ目は「下り坂」。

そして、３つ目は「まさか」だ。

人生は「まさか」の連続である。

就活においても「予期せぬ事態」は付きものである。

その例として、交通機関のトラブルが挙げられる。なぜか急いでいる時にかぎって、電車が遅延したり、バスが渋滞に巻き込まれたりするものだ。

言うまでもなく、「遅刻」した時点で内定獲得など夢のまた夢だ。

時間を守れない人は、いかなる業界・職種であっても信用されることはない。

では、どのタイミングで到着するのがベストだろうか？

10分前では早すぎる。

ピッタリでは遅すぎる。

定刻の「５分前」が絶妙なタイミングと言える。

トップ内定者は常にこのタイミングを狙っている。

しかし、「遅刻をするな！」とがなり立てたところで、時間を守るのは難しい。

遅刻しないためには、次の二つのことが大事である。

一つ目は、「事前準備」だ。

□集合場所までルート確認

□当日の持ち物の準備

これらは就活に臨むにあたっての最低限度のマナーの話だ。

二つ目は、「緊急対応」だ。

具体的には、ファーストオプションが難しくなった場合のセカンドオプション、サードオプションを用意しておこう。これこそが、就活で躓(つまず)かないための「隠れた秘訣」と言える。

例えば、仮に電車が止まってしまっても、バスなどを使って向かえるルートを事前に準備しておくのだ。

ピンチになってから調べていたのでは遅い。

このようにトップ内定者は、目に見えないところで何重にも保険をかけている。

ピンチの時に次の一手を打てるか。

それがトップ内定する人とそうでない人との違いなのだ。

第一則を読んで気づいたこと、学んだことをまとめておこう。

第二則

「100社目」からが就活の始まり。

自分の市場価値を受け入れろ

第二則 「100社目」からが就活の始まり。

就活において、「100%、絶対に落ちない方法」がある。

キミはそれが何だかわかるだろうか?

答えを言おう。

それは「就活をしない」ことだ。

受けていない会社から不採用通知が来ることはない。

「何だ、そんなことか……」とガッカリしただろうか。

就活に王道はない。

だとすれば、就活では絶対的な数をこなすことが求められる。

「一戦必勝」はあり得ない。

人は傷ついて強くなる。

就活生は傷ついて逞しくなるのだ。


「就活のスタートは100社目から」

そのくらいの気構えでいてちょうどいい。

何社受けるかが目的ではないが、ある程度の数は受けていく必要がある。

内定を取る自信なんてなくていい。

内定を取る自信よりも、「内定を取るまで諦めない自信」がある方がよほど重要だ。

就活に対する耐性をつけることに加え、もう一つ重要なことがある。

それはキミ自身の市場価値を客観的に把握するということだ。

多くの会社を受けるなかで、会社を知ると同時に、自身のスペックや就活における客観的な立ち位置も自覚できる。

自分に自信のある人は、現状でどれだけの可能性があるのか、この機会に冷静に見定めてみるといい。

そうして、本当の意味で、自分に合った会社を見つけ出していくのだ。

1%と聞いて、キミはどのようなイメージを抱くだろうか。

「極めて可能性が少ない」と考えるだろう。

しかし、仕事の世界では真逆だ。

1%「も」可能性があると考えるべきである。

つまり、100回試せば、1回は成功できるわけだ。

継続改善することを前提として、倍率100倍程度の会社であれば、100回受ければ、可能性が見えてくる。

少なくともそのような考え方ができるかが勝負の分かれ目となる。

世の中の会社を知ること

就活をスタートして、多くの人がまず行うこと。
それはリクナビ、マイナビなどの就活サイトへの登録だろう。
しかし、これらの就活サイトには、日本の会社のほんの一部しか掲載されていない。
リクナビ、マイナビに登録されていない優良会社は数多くある。
日本の会社の99・7%は中小企業だ。
逆に言えば、大企業は0・3%しかないのである。
多くの人が知っている上場企業など1%にも満たないのが現実だ。
優良会社の定義にはいろいろな考え方がある。

□成長性の高い会社
□離職率の低い会社
□財務状況が健全な会社
□福利厚生が充実した会社

その意味では、「無名の優良会社」はいくつも存在する。
ある中小企業の社長は、「就活生は世の中にある会社を全然知らない」と嘆いていた。

「100社目」からが就活の始まり。

ＣＭなどで見る会社、先輩が就職した会社、大学で案内される会社は全体から見ればごく一部にすぎない。

例えば、キミは「有楽製菓株式会社」を知っているだろうか？

おそらく、多くの就活生が知らないはずだ。

では、「ブラックサンダー」はどうだろうか？

人気のチョコレート菓子であり、キミも一度は口にしたことがあるだろう。

ブラックサンダーを作っている会社こそ、有楽製菓株式会社なのだ。

このように、商品やサービスは知っていても、その会社名は知らないということは少なくない。

前述の社長からは、「大学も就活の方法を教えるより、どんな仕事があるのか、会社そのものを教えた方がよいのではないですか」と提案までいただいた。

極論を言うと、説明会に参加するにあたって、１社目はどの会社でもいい。

今までキミが興味や関心を抱いていなかった会社の方が、思ってもみない出会いになったということは数え切れないほどある。

教育家、澤柳政太郎は言った。

「知らないのは恥ではない、知ろうとしないのが恥である」

「落ちて当たり前」の試験

いち早くスタートを切ったとして、就活に向かう姿勢が身についていなければ続かない。

そこで、次は就活の心構えについてお伝えしたい。

就活試験はキミがこれまで受けてきた進学試験とは本質的にレベルが違う。

「社会人は学生の延長ではない」と言われることがあるが、ではいったい、その差はどこにあるのか？

「倍率が違う」と答える人もいるだろう。

確かに、面接の倍率を見ても大学入試のそれとは大きな開きがある。

例えば、大学入試であれば、せいぜい数倍から数十倍がいいところだ。

それが就活試験ともなると、１０００倍を軽く超えるケースもある。

例えば、元ＮＨＫアナウンサーの知人に尋ねたところ、公表はしていないが、内定率はおよそ１５００倍だという。

上場・有名会社なども、内定までの最終的な倍率は、それに近い数字になると言える。

就活試験の倍率には、大学入試と比べて、大きな差異があると言える。

その意味では、**就活試験はそもそも、「落ちて当たり前」の試験と言えるわけだ。**

そう考えると、キミも少しは気が楽になるのではないだろうか。

少なくとも、倍率を思い出せば、「人格否定」された気持ちにならずに済む。

だが、私が就活試験と進学試験が本質的に異なると考える理由は別にある。

それは受験と就活の構造的な違いだ。

私が両者を明確に区別するポイント、それは、「お金の流れ」である。

学生は、学校に対して入学金や授業料といった名目でお金を「払う側」となる。

一方、社会人は、会社に労働力を認めてもらい、給料としてお金を「もらう側」となる。

つまり、学生と社会人のお金の流れは真逆になる。

だからこそ、受験面接が「受からせるための試験」であるのに対し、就職面接は「落とすための試験」と言える。

事実、受験面接は受験生のよいところに目を向ける「加点方式」、就職面接は少しでもおかしなところがあればマイナスする「減点方式」で採点される。

つまり、受験においては、充分な準備をして臨めば合格できるというのは、ある意味で当たり前というわけだ。

しかし、就活は受かることの方が奇跡に近い。

就活面接を突破し、内定を獲得するのはキミが想像している以上に至難の技であり、無傷では決して内定は獲得できないということを肝に銘じよう。

その自覚こそが、就活における心構えの初歩の初歩である。

「1社1％」の改善で100％生まれ変わる

会社を「受けて終わり」にしていては、内定までの距離は縮まらない。
反省、改善を繰り返さなければ進歩はない。
就活は習うより「慣れよ」。
例えば、「面接が苦手」という人がいるが、実地練習こそ一番力がつく。

「1社1％」

その積み重ねで、100社受験した暁には、100％生まれ変わることができる。

□緊張して自然な笑顔ができなかった
□普段よりも早口になってしまった
□自分が一方的に話し続けてしまった
□前日の体調管理を失敗してしまった
□面接官の質問の意図を汲めなかった

失敗要因を分析し、その対策まで検討しよう。

「100社目」からが就活の始まり。

次回以降、同様の失敗を繰り返さないようにすることが大切だ。
就活において、商品は「キミ自身」だ。
キミという商品を日々、ブラッシュアップすることは欠かせない。
なぜ、落ちたのか。
採用担当者は教えてくれない。
会社はただ受ければいいというものではない。
それではいくら受けても無駄だ。
就活はトライ・アンド・エラーの連続だ。
自分なりに考えて、試行錯誤して試験に臨む。
たかが1%。
されど1%。
1%を軽んじる者は、1%に泣く。
実業家、豊田喜一郎は言った。
「今日の失敗は、工夫を続けてさえいれば、必ず明日の成功に結びつく」

高く跳びたければ、
深く沈め

第二則

「100社目」からが就活の始まり。

さすがに100社も受験して、未だに1社も内定を得られないとなると、尋常でなくメンタルが強い人を除けば、心が折れそうになるだろう。

トライ・アンド・エラーを繰り返すうちに、希望の光は見えてくるはずだが、それまでは暗闇のなかを延々と彷徨(さまよ)っているような気持ちになり、途方に暮れてしまう。

だが、私はそうした低調な期間を過ごすことも大事だと考えている。

もっと言えば、そうした低調な時にこそ、人事を尽くすことによって、大きな結果を残すことができるのではないだろうか。

いつも絶好調という人はいない。

無論、トップ内定者であっても、不遇の時代を過ごしていることは多い。

ところで、私のゼミに「ナベケン」と呼ばれる陸上部の学生がいる。

彼の種目は高跳びなのだが、大学入学以来、思うように記録が伸びていないという。

スランプに悩む彼に、私は「高く跳びたければ、深く沈め」とアドバイスをした。

私は高跳びの専門知識があるわけではないが、物理的に力強く踏み込まなければ高くは跳べないはずだ。

また、この「深く沈む」というのは、あくまでもイメージであって、実際に地面の下に沈むわけではない（沼ではないので……）。

「ああでもない、こうでもない」と悩みながら試行錯誤してほしいということだ。

「陸上競技と就活は違う」と言う人もいるだろう。

だが、根本は同じだ。

受験も、スポーツも、就活も、仕事も、苦しい時を乗り越えた先に望む結果を手に入れることができる。

苦心して苦心して、尚、苦心して手に入れた結果は本物だ。

マグレでは到底出せない、「実力」と言える。

不遇の時代を過ごした人は、強くなる。

結果、高く跳べるようになるのだ。

人生は平坦ではなく波があるわけだが、それは下がる時もあれば、上がる時もある。

つまり、ずっと絶好調の人がいないように、ずっと低調な人もいない。

また、人生の波は、未来から過去を振り返ってみると、未来で沈む時があっても、その状況はずっと以前と比べれば、相対的には上がっている（成長している）ものだ。

後で人生を振り返ってみて、キミにとって「不遇の時代」は、かけがえのない財産になるだろう。

だから、今、大いに悩んでほしい。悩むことはいいことだ。

資格よりも有利になるものとは？

就活生からよく「どんな業界を志望するにしても、持っていると有利な力は何ですか？」と質問されることがある。

コミュニケーション能力？

英語力？

論理的思考力？

否、そのいずれでもない。

答えは「体力」だ。

トップ内定者に病弱な人は誰一人としていない。

今までに何万人という就活生を見てきた私が言うのだから間違いない。

当たり前の話に聞こえるかもしれないが、体力がある人は就活で有利だ。

これは１００の資格をも凌駕する。

「資格がないから心配」と不安がる人もいるだろうが（ちなみに、私は今も普通自動車免許すら持っていない）、そんなことを考える暇があったら、キミも今日から身体を鍛えてほしい。

就活では1日に2社、3社と説明会や面接が入る日もある。

就活も佳境に差し掛かれば、連日連戦にもなることも避けられない。

誰だって疲れが溜まるものだ。

長期戦でその負担を少しでも軽減するために、体力をつけておくのだ。

アーティストが全国ライブ前にトレーニングをして体力をつけるのと一緒だ。

さあ、キミもジムに通おう。

経済的な事情があるなら、家の近所でランニングをしよう。

市民体育館でバスケをするのもいい。

そうして体力増強に努めるのだ。

スタミナ切れでは勝負にならない。

就活において最後に勝つのは「体力のある者」なのだ。

免許や資格の取得に励む前にまずは、体力増強に努めよう。

実際、ここで難なく就活を乗り切れるだけの体力がある人は、就職後も消防隊や自衛隊などを除き、一般的なオフィスワークで充分に活躍できるだろう。

逆に言えば、「体力に自信がありません」では、どこへ行っても採用されない。

もともと、体力がある人とそうでない人がいる。

もし、キミが後者であるなら、今日からでも遅くない。

早急に体力増強に努めよう。

「兼業」が可能か確認せよ

会社について調べる時、絶対に押さえておいてほしい確認事項がある。

「就労規則」だ。

とりわけ、「兼業」については、人事担当者に直接念押しして確認した方がいい。

昨今は、兼業を認める会社が増えてきた。むしろ、推奨する会社も少なくない。

だが、未だに兼業を快く思わない会社があることも事実だ。就労規則では兼業が可能となっているが、実際の現場では、兼業に対して理解がない場合もあり得る。

そのため、事前に人事担当者に実態を確認しておくべきなのだ。もし、そこで、兼業という言葉を聞いて、人事担当者が怪訝（けげん）な顔をしたら、その会社への入社は再検討した方がいいかもしれない。

兼業は、現代の働き方のスタンダードと言える。

いかに複数の収入源を持って働けるかが、安定して稼ぐためのポイントとなる。

例えば、私の場合で言えば、下のような収入源を持っている。

複数の収入源

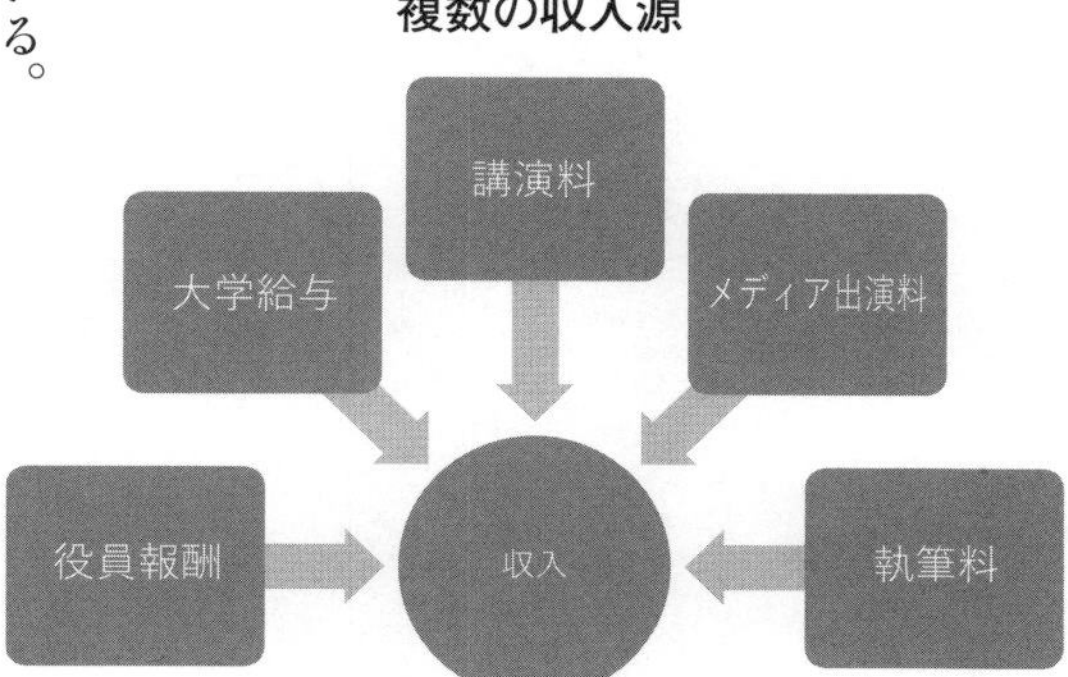

講演料
大学給与
メディア出演料
役員報酬
収入
執筆料

兼業のメリットは、収入を安定させることだけではない。

□複数の仕事を行うことで気分転換が図れる
□転職せずに新たなキャリアを模索できる

このようなメリットも得られる。
入社前から、こうした「働き方」までイメージしておこう。それを含めて就活である。
一般的に兼業のマナーとして、次の3点を守るべきである。

□会社の仕事に支障をきたさない
□会社の事業と兼業が競業しない
□兼業届けを忘れずに提出すること

これらの点に注意していち早く兼業に取り組んでもらいたい。
具体的には、入社1年目、否、それ以前の就活時から始めて構わない。

「公務員」という選択肢

世の中は不平等だ。

一般企業であれば、それが露骨に表れる。

例えば、出身大学やルックスはその典型だろう。

それ自体、私は差別ではなく、「区別」だと思っている。

学歴は自分で招いた結果だ。

就活におけるルックスは努力次第で磨くことができる。

とはいえ、現状ではこれまでの経歴などによっては、門前払いされてしまう場合があるのも事実である。

それでも、就活のなかで唯一と言っていいくらい「平等」な試験が存在する。

例外中の例外、それが「公務員試験」だ。

就活の世界では稀に見る「公平平等」な試験と言える。

一部では、公務員の仕事は将来的にＡＩに取って代わるとも言われているようだが、仮に縮小傾向にあったとしても、完全になくなることはないだろう。

国家一種は東京大学法学部出身者、すなわち「エリート」のための試験として別格としても、例えば、地方上級試験であれば、出身大学に関係なく、内定にありつける。

大卒試験であれば、どの大学であっても一律平等だ。

早慶だろうが、その他の地方私大だろうが、一切関係ない。

むしろ、地方私大であれば、その特定の地域では有利にさえ働く。

例えば、群馬県の大学出身者であれば、群馬県庁に「地元愛」をアピールできるわけだ。

公務員試験の筆記選考では、基本問題しか出題されない。

小論文も頻出テーマは決まっている。

面接の質問は民間会社と比べて、極めてオーソドックスと言える。

このように、圧倒的に対策も立てやすい。

キミも「公務員」という選択肢を一度考えてみてはいかがだろうか。

公務員と一口に言っても、様々な職業がある。

警察官、消防官、自衛官、市役所職員はパッと思い浮かぶだろう。

では、国税専門官、皇宮護衛官、食品衛生監視員はどうだろうか？

聞いたことがないという人も多いはずだ、
また、既知の職業であっても、実際にどのような働き方をしているかまでは把握しきれていないはずだ。例えば、市役所職員はデスクワークが主体だと思い込んでいる人は多い。

特に、ステレオタイプ的なイメージの強い公務員という職業を目指すのであれば、ミスマッチをなくすためにも、職業一つひとつの働き方について調べてみるべきだろう。

「税理士」は穴場の職業⁉

資格を取るよりも「体力増強に努めよ」と前述した。

だがそれは、取っても喰えない資格をどれだけ取得しても、就活ではプラスに働かないということでもある。

一念発起（ほっき）して難関と言われる資格を取得し、それを起点にキャリアをスタートさせることは可能だ。例えば、弁護士の資格を持っていれば、法律事務所の弁護士採用も狙える。

このように資格を活かした職業を「士（サムライ）業」と言う。

こんな話をすると、学生からは決まって「穴場の士業は何ですか？」と質問される。

この「穴場」という言い方には、語弊があるように思う。

社会をよく知らない学生にはとかく、「ラクして稼ぎたい」という願望があるようだ。

断言するが、「ローリスク・ハイリターン」はあり得ない。

重要なことなので、もう一度言う。

ラクして稼げる仕事など、この世にはないのだ。

うまい儲け話を持ちかけ、無知な学生につけ込むような商法は昔からある。

このような商法にハマってしまう学生の共通点は、「偏差値の低さ」ではない。

高学歴の学生であっても、引っかかる人は引っかかる。

その根底には、人の欲求、すなわち、前述したような「ラクして稼ぎたい」という欲望があるからだろう。

今まで受験勉強すら、まともに頑張ってこなかった人間が、これから先も大した努力をせずに、ボロ儲けできるなどという、そんなうまい話があるわけがない。

そのことを踏まえた上で、社会に出て何とか真っ当な仕事で一線級の活躍をしたいと考える学生に対して、私自身、「おすすめの職業」として決まって答える職業がある。

それは「税理士」だ。

公認会計士の方が難易度は高いが、独立のしやすさでいったら、税理士の方が上だ。

とはいえ、税理士も難関資格の部類に入るだろう。早慶やMARCHに入れる学生でないと、到底合格できない難関資格だと決めつけている人は多い。

しかし、例えば、私が教鞭を執る上武大学では、税理士の科目の一部免除が受けられる大学院経営管理研究科を設置しており、実績として社会人学生をはじめ、これまでに多くの税理士を輩出している。

「細かい計算が苦手」といったように、税理士という職業にも合う、合わないはある。

それでも、税理士は税務署との交渉力が求められるやりがいのある職業だと、私は思う。

お金を扱う仕事に興味がある人ならば、将来を考える上で、税理士は一考の余地がある職ではないか。

第二則を読んで気づいたこと、
学んだことをまとめておこう。

第三則

自己分析なんて「0分」で充分。

「自分」は探すものではなく、作るもの

第三則　自己分析なんて「0分」で充分。

「本当の自分を見つけたい」などと戯言(ざれごと)を言って、自分探しの旅に奔走する人がいる。

ありていに言えば、海外を放浪したり、怪しげなセミナーに参加したりするのだ。

そんなことをしても、残念ながら望んだ結果は手に入らない。

どれだけ探そうとも「本当の自分」など見つかるはずがない。

それもそのはず、自分とは、探すものではなく、作るものだからだ。

それと同様に、仕事も転職を繰り返したところで、天職は見つからない。

「これぞ、まさに天職」と自分に言い聞かせ、遮二無二(しゃにむに)働くことで、内定した会社がキミの居場所となり、その仕事が「天職」に変わるのだ。

そのことを理解していない人が多いからこそ、3年3割という現実があるのではないだろうか。

まずは、「自分はこういう存在だ」と思い込むために、次の3つを行おう。

①目標を立てる
②紙に書く
③音読する

①については、数字や事実を目標にしよう。具体的な目標を立てることが重要だ。
②については、紙に書くと思い込みが加速することは、多くのトップ内定者が実証済みだ。
紙に書くと、それが現実のものとなるのだ。

「そんなうまい話があるわけない」と思うなら、騙されたと思ってぜひ一度試してもらいたい。気づいた時には、目標が達成されているはずだ。

ちなみに、これは私自身もずっと続けてきたことだ。
③については、紙に書いたことを毎朝、音読すれば尚よい。
思い込みの力を借りることで、「自分」と「天職」はいつからでも作ることができる。

この思い込みの力を「アファメーション」と言う。

アファメーションとは、「私はこうしたい」ではなく、「私はこうである」と言い聞かせるうちに現実になる肯定的な自己宣言のことである。

「自分はリーダーになりたい」ではなく、「自分はリーダーだ」と言い続けていたら、必ず現実になるというわけだ。

そのことがわかったら、今すぐ叫べ！


「私は……！」

自分探しより、「メンター」探し

前項で「自分は探すな」と伝えた。

ただ、その言葉には続きがある。

それは、探すなら自分ではなく、「メンター」だ。

ここでいう「メンター」とは、よき師であり、助言者であり、理解者であり、キミの人生で目指すべき「模範」となる人を指す。

メンターは就活だけに限定せず、今後の人生でキミが行く先に迷った時の「道しるべ」になってくれる。

メンターを持つことで具体的には、次のような手助けが得られる。

□課題を明確にし、助言してくれる
□専門的なスキルを教えてくれる
□キーパーソンとつなげてくれる
□精神的な安定をもたらしてくれる
□たった一人の味方になってくれる

この他にもメンターがいることで、キミが助けられることは数多くあるだろう。

メンターに誰を選ぶかは重要だ。

メンターになってもらう人の条件はたった一つ。


「心から尊敬できること」


この一点に尽きる。

キミが「こうなりたい」と思う人でもいいだろう。

メンターが見つかったら、貪欲に学ぼう。

働き方はもちろん、日常の些細な言動まで「生き方」そのものをじっくりと観察することだ。

私の場合、幸いにも大学院の指導教官がメンターとしても尊敬できる人物だった。

野口和彦教授（横浜国立大学、元・三菱総合研究所 研究理事）から多くのことを学び、今も大変お世話になっている。

もう一度伝えるが、メンターは就活に限らず、人生を実りあるものにするために持つべき存在だ。

メンターは、キミの就活が終わってもその後の人生において多大な影響を与えてくれる。

何も語れないのは、「経験」がないから

就活において、語れることがないと言う人がいる。

その原因は明確である。

そもそも、語れるような経験をしていないからだ。

当たり前だが、経験がなければ語りようがない。

家に閉じこもってゲームばかりしていないで、外へ出ていろいろな経験を積もう。

そうして、語れるネタを作るのだ。

ただ「経験を積め」と言われても、何をどうしたらいいのか、これまで積極的に動いてこなかった人には見当もつかないだろう。

けれども、安心してほしい。

何も特殊なことに挑む必要はない。

基本的には、「今しかできないこと」を基準に考えるといいだろう。

まずは、大学生活をとことん満喫せよ。

また、大学と家の往復以外にも身近な活動を経験してみよう。

□アルバイト
□部活動

□サークル
□ボランティア
□旅行
□短期留学

このように、経験は身近に溢れている。

「私はこんな経験をしたから、学生時代は誰よりも充実していました！」などという人は、少数派だ。

例えば、「自転車で日本一周しました」といったインパクトのある経験談は、会話のネタとしては盛り上がるだろう。

しかし、重要なのは、具体的なエピソードよりも、その経験を通して何を学んだか、そこからどう成長したかである。

だから、語るべきネタは、ありふれた経験でもいい。

そこから何を得られたのかを振り返ってみよう。

数ある経験のなかから、キミがどうしても語りたいことを厳選することで、やっと相手の心に届くのだ。

「これだけは負けない」武器はあるか?

「誰にも負けない武器は何か?」

サムこと、古川享教授（慶應義塾大学、元・マイクロソフト日本法人社長）は、「ビルゲイツが最も信頼する日本人」として知られる人物である。

マイクロソフト日本法人の初代社長として、長年にわたりＩＴ業界を牽引してきた。

そんな彼から会食に誘われ、こんな興味深い話を聞いたことがある。

「私はマイクロソフトの最終面接で、たった一つしか質問しない」

それが冒頭で私が聞いた「誰にも負けない武器は何か?」だ。

彼は質問後に、決まってその武器について知識の競い合いをするというのだ。

それでサムが勝ったら、「キミの武器はその程度か」ということで、バッサリ切られる。

就活で内定をバンバン取る人は、例外なく「武器」を持っている。

武器とは、「誰にも負けない強み」のことである。

武器を身につけるには、一つのことを極限まで磨き上げる必要がある。

内容は何でも構わない。

私が教鞭を執る上武大学はスポーツが盛んだ。

特に、「駅伝」と「野球」は有名であろう。

私のゼミにも、駅伝部と野球部で主力として活躍している学生がいる。

彼らは部活動での頑張りについては、そこら辺の就活生には負けないと自負している。

大事なことは、「これだけは自信がある」と胸を張って言えるくらい何かを頑張り抜いた経験だ。

具体的な目安として、「1万時間の法則」がある。

一つのことに1万時間没頭すれば、それは仕事としても通用するレベルの武器になるという法則だ。

1万時間と聞いても、どれほどの時間かイメージしにくいかもしれないが、仮に、1日5.5時間費やしたとして、5年間取り組めば約1万時間になる。

また、特定分野の本を最低100冊読めば、その道の専門家として仲間入りを果たせるとも言われている。

一つのことを徹底的に続けた先に、採用担当者からの「キミがほしい」の一言が待っている。

「起業」するのも一つの手

就活を始めると、就活以外の選択肢に目がいかなくなる。

そうならないように、自己分析は広い視野で行ってもらいたい。

例えば、キャリアを考えるという意味で言うと、「起業」も一つの選択肢に入る。

2020年4月に開学した情報経営イノベーション専門職大学は、「就職率0%を目指す」と謳(うた)っている異色の大学だ。

これはつまり、卒業後の進路を就職以外、例えば、起業などで占めたいということだ。

このように、「学生起業が当たり前」の環境に身を置く人も徐々に増えてきた。

一方で、そうは言うものの、前述の大学のような特殊な環境にいる一部の人を除き、多くの学生にとって、起業はまだまだ縁遠い存在なのかもしれない。

特に、地方私大の学生にとっては、尚更その印象は拭えない。

だが、ほんの少し私の話にも耳を傾けてほしい。

起業のハードルは以前と比べて格段に低くなった。

会社法の改正により、現在では資本金1円から会社を立ち上げることができる。

シェアオフィスの充実など、スタートアップ支援も進んできている。

もちろん、身近になったとはいえ、簡単な道だとは口が裂けても言えない。

しかしながら、それを言ってしまえば、どの選択をしても楽ということはないのだ。

就職も、大学院進学も、起業も、それぞれに違った大変さがある。

実例として、私の教え子の助川さんは、大学を卒業後は、就職をせずに、体育の家庭教師事業「GOOD JOBU」を立ち上げた。

昔から英数国などの家庭教師は存在したが、体育の家庭教師というのは、ほとんど聞いたことのないユニークなビジネスだ。

スポーツ熱が高まる現代においては、社会のニーズを捉えたビジネスのように思う。

昨今、このようなハングリー精神を持った学生はなかなか少ない。

「完全に一本で独立して起業するのは怖い」と言う人もいるだろう。もっともな心配だ。

それならば、前に兼業について触れたが、そのような形で始めてもいいだろう。

その場合、法人を設立しなくても、フリーランス（個人事業主）でも構わない。

その方が堅実と言える。

いずれにせよ、自分のビジネスを持つことで、社会に対する考え方も一変するはずだ。

ここで私が主張したいのは「就活なんて今すぐ止めて起業しよう」ということではない。

ただ、**「就職しない」という生き方もあるということを覚えておいてほしい**。

ぜひ、キミもこの機会に「起業」をキャリアの選択肢の一つとして考えてみてはいかがだろうか？

ワークシートは最後の仕上げ

自己分析を始めて、真っ先に膨大な数のワークシートをこなそうとする生真面目な就活生がいる。

実際、自己分析に何百枚ものワークシートをこなすようすすめる就活塾もあるようだ。

しかし、私はそのような考えとは真っ向から対立した立場を取っている。

ワークシートをこなすことにより、満足感は得られるかもしれないが、あくまでもそれは自己満足の世界だ。

自己分析、会社研究に必要なワークシートはそれほど多くない。

山のようにこなす必要はないわけだ。

本来であれば、次の4つのワークシートをこなせば、自分や会社に関する整理は充分である。

自己分析は「最後の仕上げ」と思っていていい。

次のページの表を見てほしい。たったこれだけだ。

このシンプルな質問にすべて答えられれば、自己分析は済んだも同然。

これら4つのワークシートを埋められるよう、充分に吟味してほしい。

自己分析なんて「0分」で充分。

【ワークシート】

❶キミは何のために働くのか？

❷キミの強み、弱みは何か？

❸なぜ、この会社を選んだのか？

❹３年後、どうなっていたいか？

「SWOT（スウオット）分析」を使いこなせ

ここで、ワークシートの情報を整理するために役立つツール「ＳＷＯＴ分析」を紹介しよう。

Strength（強み）
Weakness（弱み）
Opportunity（機会）
Threat（脅威）

この４つの頭文字を取って、「スウォット」と発音するのだが、商学部や経営学部の人なら、マーケティングの講義などですでに習ったことがあるかもしれない。ＳＷＯＴ分析は、次の４つの項目に分けて現状を分析する経営ツールだ。

□どのように強みを活かすか
□どのように弱みを克服するか

SWOT分析

プラス要因	マイナス要因
Strength	Weakness
活かせる強みは？	克服すべき弱みは？
Opportunity	Threat
市場での機会はある？	回避すべき脅威は？

□どのように機会を利用するか
□どのように脅威を取り除くか

前述したように、経営で使うツールであるＳＷＯＴ分析を就活生が知っていると、採用担当者も「おっ！　よく勉強しているな」となるのではないだろうか。

ここで「本来、経営で使うツールのはずなのに、なぜ就活で？」と思う人もいるだろう。

だが、ＳＷＯＴ分析は就活においても大いに役立つ。

自己分析にこのフレームを応用するのだ。

具体的には、次のように項目を埋めてみよう。

強み：今までの経験から得た知識、技術、考え方、習慣から言える点

弱み：今まで挑戦しても達成できなかったこと、克服できていない点

機会：社会の動向、今後の可能性を考え、自分が社会に役立つと思われる点

脅威：社会の動向、今後の可能性を考え、自分の強み・弱みと合致しないと思われる点

いくらやっても一向に考えがまとまらないようならば、紙とペンを用意して、ＳＷＯＴ分析を行ってみよう。きっと頭のなかでモヤモヤしていたことがクリアになるはずだ。

ワークシートを埋めるのに困ったら、ぜひ、これを活用してみてほしい。

第三則を読んで気づいたこと、学んだことをまとめておこう。

第四則

会社研究は「1次情報」にこだわれ。

マナーが人を作る

第四則

会社研究は「1次情報」にこだわれ。

就活でうまくいく人は、他者の力を借りられる人だ。具体的には「信頼できる相談相手を見つける」ことである。すべて「独力で乗り切る」という発想から、適切なタイミングで「他者に頼る」という発想の転換は重要になる。

会社研究を行うにあたっては、「1次情報」にこだわってほしい。

1次情報とは、自分が実際に体験した情報のことだ。相手から有益な1次情報を引き出すためには、相手からキミを「この学生を助けてあげたい」と思ってもらわなければいけない。

そこで、不可欠となるのが、「マナー」だ。

「何を今さら……」と思うかもしれないが、マナーがなっていない学生は多い。これはブランド大学に在籍する学生も含めてそう言える。

偏差値とマナーは必ずしも比例しない。

なかには、自分ではできていると思っている人もいるだろうが、無意識に相手に対して、不快感を与えてしまっていることに気づいていないことがある。

情報の種類

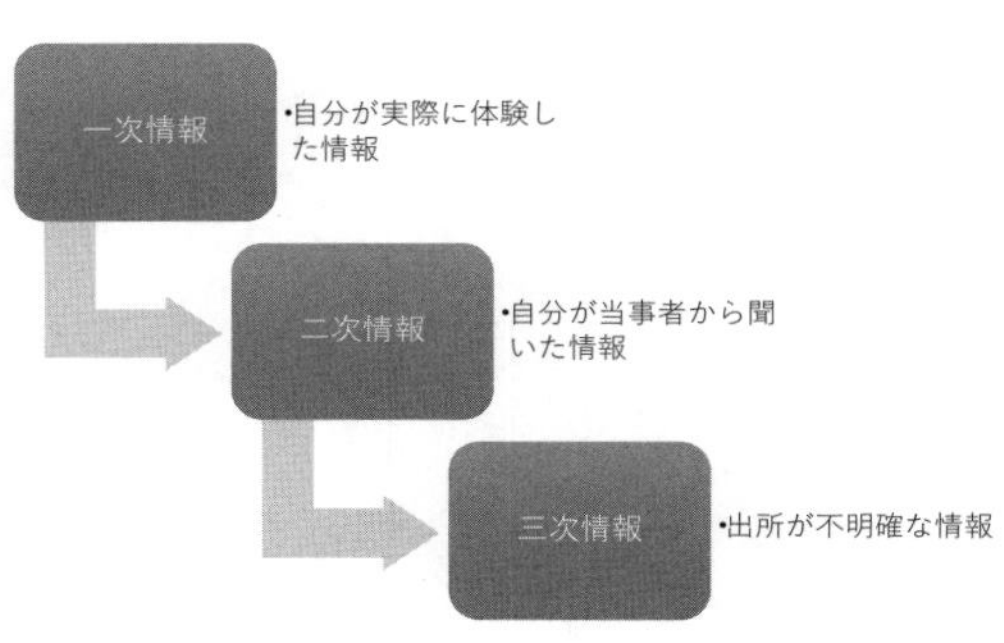

マナーとは、いったい何だろうか？

私が思うに、「相手を不快にさせないこと」ではないだろうか。

この一言に本質が凝縮されているように感じる。

事あるごとに相手をイラッとさせているようでは、一人前とは言えない。

私もマナーに関しては、学生時代から徹底的に鍛えられた。

乾杯の仕方から、店員さんへの接し方、焼き鳥の串の外し方まであとあらゆるマナーを学んだ。マナーをひと通り知った上で、臨機応変に対応するのと、知らずにできないのとではワケが違う。

相手の認識も知った上で、「自分はこの考え方をしている」ということが大事だ。

自分自身、マナーが完璧にできているとは到底思えない。

むしろ、マナー違反をしていないか、心配になることも多々ある。

その意識を持つことが不可欠なのではないかと思う。

こうして考えると、「マナーが人を作る」と言っても過言ではないのである。

就活を通じて、マナーを学び、人としてひと回りも、ふた回りも大きくなってほしい。

良質な1次情報は、マナーのいい人のところに集まる。「マナーがいい」は、就活をする上で、否、これからの長い人生を生き抜く上で、武器になる。

基本中の基本！
就活3点セット

1次情報を収集するにあたって、揃えておきたいアイテムがある。

その名も「就活の3点セット」だ。

□名刺
□手帳
□ペン

このなかの一つでも欠けていたら、人と会う資格などないと思っていいだろう。

その程度の準備もできないようでは、相手の貴重な時間を無駄にし、信頼を失うだけだ。

それなら、面会してもらえなかった方がまだマシと言える。

トップ内定者にとって、就活の3点セットは常備アイテムだ。

名刺については、「まだ早い」という人もいるが、私はそうは思わない。人と会うのに、名刺ひとつ持っていないようでは、自己紹介もままならないのは想像に難くない。

また、就活生時代から名刺を扱えるようになっておけば、社会人デビューもスムーズだ。

「学生名刺」と検索すれば、専用の作成サイトやサービスが引っかかる。

外注しても1000円程度で作成できるので、手頃なものを利用すればいいだろう。

その際、専用ケース（名刺入れ）も忘れずに用意するように。これは社会人になってからも使えるアイテムだからこそ、過度に華美なものは選ばないようにしよう。

手帳については、「アナログ手帳」に限る。スマホだと、面会中にキミがメモをしているのか、ゲームをしているのか、相手からしてみるとわからない。これでは相手が不安になったり、不快感を持つのも無理はない。

実際、使い勝手もアナログの方が断然いい。

上武大学では、役立つ情報が掲載された『就職GUIDE』とともに、就活用の手帳を毎年、無料で配布しているが、これだけでもかなり使える（にもかかわらず、私のゼミでも活用方法などの指示をしっかり出しながら配布するのだが、学生はなかなか使ってくれない……）。

ペンについては、「PILOT VCORN直液式水性ボールペン」がおすすめだ。

スラスラと滑らかに書けるので、日頃から私も愛用している。

就活3点セットをうまく活用して、良質な1次情報をゲットしてほしい。

上武大学が配布する手帳

インターンを「1ヶ月」続けよ

会社研究は「1次情報」にこだわれ。

会社の雰囲気や外からでは見えない職場環境を知るためには、インターンに参加するのが手っ取り早い方法だ。

インターンとは、「インターンシップ」の略称で、学生が一定期間、会社で働く職業体験のことである。

期間は1日から数年単位までと幅広い。

インターンの目的によって様々だ。

アルバイトと違って、大学の都合と被らないように、学生側でスケジュール調整できるため、比較的参加もしやすい。

こうした理由から、インターンは多くの大学で推奨されている。

ただし、短期間のインターンにはメリットもあるものの、私はあまりおすすめしない。

貴重な時間と労力を割いて、せっかく参加するのであれば、断然、長期間のインターンがいいだろう。

私は就活生に、**最低でも「1ヶ月」は続けるようにと伝えている。**

その理由は3つある。

1点目は、長期間のインターンは内定に直結するからだ。

あのビル・ゲイツも長期合宿を行って内定者を選抜したという。

一度や二度、面接しただけでは就活生の真の力を見抜くことはできないのである。

長期間のインターンともなれば、会社も本気でキミの面倒を見てくれる。

それだけ本腰を入れて、見込みのある学生かどうかをチェックしているわけだ。

2点目は、専門性の高いスキルや知識が身につくからだ。

長期間になればなるほど、インターンもより実践的な内容になる。

それにより、他では得られない専門的な経験を期待できるのだ。

なかには、数年単位でインターンに参加すれば、それを実務経験と見なし、経験者採用と同等の待遇で雇用する会社もあるほどだ。

3点目は、その会社の組織風土がわかるからだ。

特に、これは規模の小さな組織になれば顕著(けんちょ)である。

会社に出入りする期間が長ければ長いほど、いい意味でも、悪い意味でも、会社の組織風土が見えてくる。

そのことを入社前に知っていれば、「こんな会社だとは思わなかった」と後悔する可能性は低くなるだろう。

よって、キミも長期間のインターンを検討してみてはいかがだろうか。

「キャリアセンター」は情報の宝庫

大学には例外なく、「キャリアセンター」が設置されている。

なかには、「就職支援課」という名称のところもあるだろう。

いずれにせよ、こうしたサポートがあるにもかかわらず、キミは何となく行きづらいイメージを持ってはいないだろうか？

そして、その根底には、「情報が遅い」「役に立たない」という決めつけがあるのではないだろうか？

実際、このように、毛嫌いをして「一度も足を運ばずに卒業した」という学生も大勢いるのだ。

確かに、トップ大学の就活生は、キャリアセンターに頼らずとも、就活を進めることができる。

そのため、トップ大学に在籍するほとんどの学生は、キャリアセンターにお世話になることなく、就活を終える。

それで無事に納得のいく就活ができるのなら問題ないが、そもそも、不利な状況から就活をスタートするような学生にとって、キャリアセンターを使わない手はない。

キャリアセンターは就活生にとって、「穴場中の穴場」だ。

なぜなら、ほとんどの学生が利用しないにもかかわらず、次のような複数のメリットが得られるからだ。

□就職状況を理解した担当者に相談できる
□OB・OGの詳細な就職情報が入手できる
□大学独自の非公開求人を紹介してもらえる
□ESの添削や模擬面接を個別に行ってもらえる

これらがすべて「無料」で受けられる。

本来であれば、塾や予備校に行って、何十万円も支払う必要のあるサポートだ。

キャリアセンターには、就職支援担当者に加え、OB・OGの汗と涙の結晶が集結している。

キャリアセンターに足を運ぶこともなく、就職予備校に通うなど愚の骨頂だ。

これらの叡智(えいち)をありがたく活用しない手はない。

身近なリソースを有効活用するだけで、相当なサポートを得ることができる。

「現役大学生」という立場をフル活用するのだ。

騙されたと思ってキミも早速、キャリアセンターに足を運んでみよう。

「大学教員」と癒着せよ

キャリアセンター以外にも、学生であるキミには身近な存在がいることを忘れてはいけない。

「大学教員」だ。

理系の学生、特に大学院生については、研究室単位で教員が就職先を紹介、推薦してくれる場合も多い。

だが、そのようなケースはトップ大学を除けば、稀なようだ。

実際、キミには、就活中に助けになってくれる人がいるだろうか？

私の講義を履修する学生、約250名にこのようなアンケートを取ったことがある。

その結果、何と約3割の学生が、助けとなる支援者がいない状態で就活を行っていたことがわかった。

就活が始まる前から相談できる相手を見つけ、関係を構築しておくといい。

まず、一人で構わないので、就活について相談できる人を見つけよう。

大学教員のなかには、上場・有名会社で重役を務めたなど、輝かしい経歴をお持ちの方もいる。

教員が現在教鞭を執っている大学、つまり、今キミが在籍している大学の出身であるとは限らないのだ。

ある教員は次のようにぼやいていた。

「就職口はいくらでもあるのに、当の学生が全然乗り気でない。これでは、紹介したくてもできないんだよな……」

ひょっとしたらキミも知らず知らずのうちに、チャンスを無駄にしてはいないだろうか？口を開けて待っていれば、餌を食べさせてくれるわけではない。

自分からチャンスを掴みに行かなくては、永久に内定などもらえない。

遠慮などいらない。

この場合、控えめな姿勢は手枷足枷でしかない。

「自分は大勢のなかの一人として、教員は顔すら覚えていないだろう」と気負ってはいけない。

アポを取って研究室を訪ねよう。

オフィスアワー（教員が学生とコミュニケーションを取るために、研究室などで待機している時間のこと）を設けている大学も多い。

普段は強面の大学教員も、話してみると、「意外に（!?）感じの良い人だった」なんてこともあるのだ。

「他大生」を仲間に引き込む

キャリアセンターよりも、大学教員よりも、もっと身近な存在。

それは「学生」だろう。

年齢の開いた社会人に相談するよりも、年の近い学生同士の方が話しやすいのは自然なことだ。

「同じ立場の人と話しても仕方ない」

「周りの学生は結局、全員ライバル」

「傷の舐め合いなんてしたくない」

そう考える人もいるのではないか。

だが、私は就活においても「お互い励まし合う」といった情緒的なサポートがあっていいと思う。

話は少し逸れるが、ブランド大学の代表格とも言える早稲田大学、慶應義塾大学は、私大のなかでも圧倒的人気を誇るが、その真の理由がわかるだろうか？

それは、大学が長年培ってきた圧倒的な人的ネットワークを誇るOB・OG組織があるからだ。

具体的には、早稲田大学には「稲門会（とうもんかい）」がある。

慶應義塾大学には「三田会（みたかい）」がある。

それぞれ、各界に強力な人脈網を構築している。

縦のつながり（先輩後輩）はもちろんのこと、横のつながり（同期）も強固だ。

では、もしキミの在籍する大学に、そのような人的ネットワークがなかったとしたら？

答えは単純明快。

ブランド大学のネットワークに自ら飛び込んでいけばいいのである。

そして、年の近い学生を仲間に引き込み、キミ自身もできる限り、その旨みを分けてもらうのだ。

彼ら、彼女らから、就活に対するモチベーション、メンタリティーを学ぼう。

「そんなこと、私のプライドが許さない」などと戯言（たわごと）をほざく人間がいる。

私はブランド大学の学生に媚（こび）を売れと言っているわけではない。

スパイのように近づき、最終的に裏切れと言っているわけでもない。

自分とは違う世界で生きている人間を知ることで、キミに新しい価値観を与えてくれる。

いつもつるんでいる仲間がいてもいいが、自分とはまったく異なる環境に身を置く、異質なタイプの人間と関係性を築くことも大事だ。

就活を通じて、キミの視野と人的ネットワークを大きく拡げようではないか。

第四則を読んで気づいたこと、学んだことをまとめておこう。

第五則

兎にも角にも「模写」をせよ。

ES（エントリーシート）を通過できない人の共通点

学歴の記載を求められていないのに、ＥＳ（エントリーシート）が通らないと悩む人は少なくない。

その原因は単純明快で、同じＥＳを使いまわしているからだ。

その結果、次のような共通点が生まれる。

□内容が練られていない
□質問に答えていない
□文章がわかりにくい
□文章量が少なすぎる

ＥＳは書類選考の核だ。

それが手抜きの時点で、勝負アリだ。

ＥＳのフォーマットは、基本的にそれぞれの会社が独自に作成している。

典型的な質問に対してプロット（原案）を作っておくことは構わないが、完全なるコピペを使いまわすのはいただけない。

それぞれ会社の風土やカラー、求める人物像があるため、それに合わせてアピールするポイントを変えていくべきだ。

ＥＳが通らない理由を一言で言えば、「学生気分が抜けていないから」だ。

就活を侮るな。

提出物としてやっつけ仕事でこなしていたり、読み手に対する配慮が欠けていたり、独りよがりな内容でも相手が読み取ってくれるだろうと期待していないか？

もう一度、その姿勢を見直してもらいたい。

ところで、世の中には、「加点方式」と「減点方式」の2種類の評価基準がある。

加点法方式では、キミのよいところを見つけて点数をつけてくれる。

一方、減点方式では、悪いところ、粗（あら）を探して、点数を引いていく。

ＥＳの採点方式は後者だ。

いかに減点をなくすかがポイントとなる。

例えば、キミは「貴社」と「御社」の違いを知っているだろうか？

前者は、「書き言葉」であり、後者は、「話し言葉」だ。

つまり、前者はＥＳなどでは用いても、面接で話す時には誤用となる。

こうした言葉遣い一つひとつが、やがて巻き返しができないほどの差となる。

名文よりも「明文」を目指す

ESや小論文を突破するために文章力は必要だ。

それを聞いて、キミは「自分には文章のセンスや才能がない」などと思い込んではいないだろうか？

たしかに、文豪になるには並外れた文才が求められるだろう。

しかし、就活ではそのような名文を書く力は一切必要ない。

特に、論理性が重要視されるESや小論文では、「名文」よりも一読してスッと頭に入る「明文」であることが重要だ。

明文は後天的な鍛錬によって誰でも書けるようになる。

ここでは、そのちょっとしたコツを紹介しよう。

□一文を「40字以内」で書く
□明文は「主語」を抜かさない
□「3行に1回」改行を入れる
□専門用語、カタカナ用語を避ける

短い文章はそれだけ「伝えたいこと」がクリアであり、さらに短いとリズムもよくなる。

新聞を読んでみるとわかるが、ほぼすべての文章が40字以内で書かれている。

もし、一文が長くなりすぎてしまったら、接続詞を使って2つの文にわけよう。

その際、主語を抜かさないように気をつけよう。

「読み手はわかってくれるだろう」と思っても、一文一文に必ず主語を入れること。

ＥＳを書く上では、担当者にいかにストレスを与えないかを常に意識することが大切だ。

そのために、適度な改行は有効である。

特に、フォーマットが罫線の場合だと、ビッシリ詰めて書いてしまう人が多いが、これはいただけない。決まったルールがあるわけではないが、文章のまとまりごとに改行を入れるなど、規則性を重視しよう。

また、改行しても半分以上、その行を埋められない場合は再考した方がいい。

そのような改行が続くと、スカスカのイメージを与えるからだ。

明文は小学生が読んでもわかるくらい平易な言葉で書かれている。

専門用語やカタカナ語の多用はもっての外(ほか)だ。

特定の業界・分野のみで使われている専門用語はできるだけ避けよう。

もし、どうしても使わなければならない場合は、補足説明を入れよう。

以上、これらのコツは、キミの文章をグッと読みやすくする鬼強ルールと言えるだろう。

小論文には「型」がある

第五則

兎にも角にも「模写」をせよ。

前項で明文を書くコツについて紹介した。
だが、伝わる小論文を書くために、それ以上に鍵を握るものがある。

「何をどの順番で伝えるか」

つまり、「構成」だ。
小論文には減点されない型がある。
私はそれを「ダイヤモンドメソッド」としてまとめた。
構成がダイヤモンドのような「ひし形」になっていることからそう名付けた。
ダイヤモンドメソッドは「三部構成」となっている。

第一部：結論
第二部：理由

ダイヤモンドメソッド

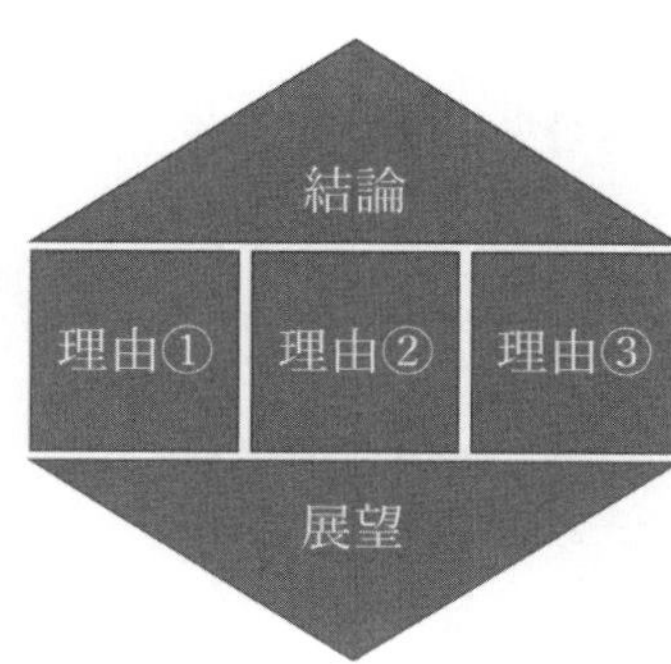

第三部：展望

第一部の「結論」では、課題に対する自分の立場、つまり、賛成 or 反対を簡潔に示す。どちらともつかないような、歯切れの悪い書き方は好まれない。結論ファーストを意識して、スパッと言い切ろう。

これはいつ何時も守ってほしい鬼強ルールだ。

第二部の「理由」では、結論に至った理由（根拠）を示すわけだが、これは必ず3つ用意してほしい。

そもそも、小論文の「論」とは、「意見＋理由」のことである。

このパートが最もボリュームがあり、小論文の核となる。

第三部の「展望」では、小論文の総括を行う。

まとめの代わりに「今後の展望」を載せても構わない。

この型をたった一つ覚えてしまえば、民間だろうが、公務員だろうが、大学院だろうが、この先すべてで通用する。

「模写」のすゝめ

ＥＳにせよ、小論文にせよ、卒論にせよ、文章がからっきし書けないという学生がいる。

そんなキミに私は一言もの申したい。

甘えるな。

そう嘆く人は、書けないのではなく、書くための努力をしていないだけだ。

文章を書くことへの苦手意識を克服する、最も効果的なトレーニング方法は「模写」だ。

模写とは、文章をそのまま書き写すことである。

難しいことは考えない。

「ただ書き写すだけ」でいい。

とにかく、書いて、書いて、書きまくるのだ。

その際、何を模写するかは慎重に決めなければならない。

「駄文」を模写しても、実力はつかないからだ。

一番は「こんな文章が書けるようになりたい」という理想形を探そう。

それが見つからないようなら、朝日新聞の『天声人語』を題材にするのがよいだろう。

文章力と同時に一般教養も身につけることができ、まさに一石二鳥だ。

模写すれば、誰でも明文が書けるようになる。

骨の折れる作業だが、抜群に力がつく。

効果は私が保証する。

それができるのも、私自身、高校時代に、世界史の教科書を3回模写したことで、グンと文章力が身についたと実感しているからだ。

それ以前に、「書くこと」に対して億劫だった気持ちがなくなった。

もともと、世界史のテストの点数を上げることが目的で行ったのだが、嬉しい副産物もついてきたというわけだ。

今こうして、私が本を何冊も書けるようになったのは、かつて模写をしたお陰だと思っている。

無論、何万字も書いたら、「手」も「筆」もマメになった。

俳優の宇津井健もこう言っている。

「才能の器は小さい、努力の器は大きい」

学生の模写ノート

添削(てんさく)を受ける際の注意点

ＥＳや小論文を書きっ放しにしてはいないだろうか？
書いたら必ず添削を受けよう。
その際には、次の3点に注意してもらいたい。

□添削者の選定
□添削の方法
□添削の期日

まずは、添削者の選定についてだが、添削はある種の「職人芸」だ。
添削能力のない人に見てもらっても、改悪されるのがオチである。
では、結局、添削は誰に頼めばいいのか？
添削者選びのポイントは次の3点だ。

□高い文章能力があること
□豊富な添削経験があること
□志望する会社を熟知していること

幸運なことに、志望する会社の現役社員に添削してもらえる機会があったら、何がなんでも喰らいつこう。前述したキャリアセンターに相談してみれば、OB・OGを紹介してもらえる可能性がある。

次に、添削の方法についてだが、添削は「2回1セット」が基本となる。

キミは1回添削してもらって、それで終わりだと思っていないだろうか？

それでは、せっかく添削を受けても思うようには成長できない。

なぜなら、添削の意図を取り違えている可能性があるからだ。

修正ができたら、もう一度、添削者に確認してもらおう。

最後に、添削の期日については、時間に余裕を持ってお願いしよう。

相手が多忙であることを念頭に置いて、遅くとも2週間前には依頼するようにしよう。

「明日までにお願いします」などといった依頼の仕方は失礼にあたる。

自分一人で何かをするのであれば、最終的に自分で責任を負えばいい話だが、添削は他者にお願いするわけだから、迷惑はかけられない。

それにもかかわらず、配慮に欠ける人は多い。

当然のことだが、添削を受けた後は、しっかりお礼の連絡をすることも忘れないこと。

前述したように、トップ内定者は、こうした一つひとつのマナーでも差をつける。

第五則を読んで気づいたこと、
学んだことをまとめておこう。

第六則

筆記試験は脊髄反射、考えたら負け。

2種類の勉強法を使い分けろ

筆記試験を突破できるかどうかは、「正しい勉強法」と「進捗管理」にかかっている。
正しい勉強法についてだが、世の中には、2種類の学びがある。

□天井がある学び
□天井がない学び

前者の例で言うと、資格や検定などが挙げられる。
就活における筆記試験もこちらに含まれる。
後者の例で言うと、「教養を磨く」「研究をする」などがそれにあたる。
両者の勉強法は大きく異なる。
天井がある学びの勉強法は、次の3つがキーワードとなる。

①合理性
②反復
③スピード

①について、非合理的なやり方の前では、これから述べるスピードも、反復も逆効果だ。
まずは優先的に取り組むべきことは何なのかを理解しなければいけない。

スタートの方向性を間違えると負のループに陥る。
②について、人は一度覚えたことを忘れる。
トップ内定者とて、例外ではない。

だからこそ、反復をして、頭に刷り込むわけだ。

記憶の定着率は反復した回数に比例する。

最も点数に結びつかない勉強法、それは間違った方法を「最短で」「繰り返し」行うことだ。
③について、演習はスピードが命。チンタラ時間をかけている暇はキミにはないはずだ。
天井がある学び、すなわち、出題者によってあらかじめ答えが用意されている問題は、高速で解くのだ。

もはや、脊髄反射の域である。

考えたら「負け」だ。

最長5分も考えて、わからなければ次に進もう。

さて、これら3点の鬼強ルールについて、もう少し詳しく見ていこう。

「過去問」だけで充分

音楽家、ヴォルフガング・アマデウス・モーツァルトは言った。

「多くのことをなす近道は、一度にひとつのことだけすることだ」

筆記試験対策にかけられる時間は有限だ。

前項でも述べたように、限られた時間のなかで、何を集中的に行うか。

その判断を間違えると、筆記試験突破は永遠に遠のく。

筆記試験を通過するために、キミが取り組むべきたった一つの合理的手段、それは「過去問演習」だ。

SPIでは毎年似たような問題が繰り返し出題されている。

特に、公務員試験に至ってはその傾向が顕著だ。

長い間、出題パターンは変わらず、今後も出題傾向の大幅な変更はないと思っていていていいだろう。

ゆえに、**「1冊を完璧に」というスタンスが大事なのだ**。

「過去問が終わったのですが、その後はどうしたらいいですか？」と尋ねてくる人がいるが、あれもこれもと他の問題集に手を出しては絶対にいけない。

そのような人に限って、よくよく話を聞いてみると、過去問を1～2年分解いた程度で、正答率も半分を切っていたりする。

まさに筆記試験を通過できない人の典型だ。

本番までに過去問を最低でも5年分は解こう。

そうすれば、筆記試験の傾向が掴める。

もし、時間に余裕があって、10年分解くことができれば、万全と言える。

その後、どうしてもというなら、「予想問題」「類似問題」を解いてもいい。

これらは過去問演習に次いで合理性の高い手段と言える。

もっとも、過去問だけしっかりこなせば、確実に筆記試験の合格最低点は突破できるので心配無用だ。

昨今は、あくまでも面接重視の傾向である。

筆記試験は足切りに使われることがほとんどだ。

やはり、キミの魅力は筆記試験だけでは伝わらない。

採用担当者もそこで就活生のすべてを見極めようとは思っていない。

だからこそ、足切りされない程度に得点が取れるようになったら、面接練習をした方が得策だろう。

「3回」繰り返す

人は忘れる生き物だ。

だから、何度も、何度も、頭に刷り込むことで記憶に定着させるのだ。

具体的には、同じ問題を3回繰り返してほしい。

ちなみに、復習には効果的なタイミングが存在する。

当日
←1週間後
←1ヶ月後

まずは、過去問を解いた当日に、正解した問題も含め、解答をしっかり読み、きちんと理解しているか、再度自力で解き直してみよう。

今日やったことは「今日」完璧にする意識を持って取り組むのだ。

次に、1週間後に、2回目の復習を行おう。

この段階で大抵の人は、覚えたことの半分以上は忘れてしまっているだろう。

だから、もし、キミが全然覚えていなかったとしても、落ち込むことはない。

その代わりに、もう一度、ここで完璧に覚え直すのだ。

そして、1ヶ月後に、間違えた問題だけ解き直し、全問正解できれば完璧だ。

「3回も復習するのは面倒」という人もいるが、この程度で今までのツケを挽回できるのなら、オイシイ話ではないだろうか。

これを聞いて、「自分には無理！」と即答する人は、本気で就職したいと思っていない。

結局は、就職希望と言いながら、「就職できたらいいな」程度の気持ちなのだ。

その程度の気持ちで、内定をもらえるなら誰も就活で苦労はしない。

キミは「就職したい」ではなく、「就職する」のだ。

そして、社会人として世の中に貢献していくのだ。

そのためには、過去問くらい何てことはないはずだ。

前述したように、筆記試験の目的は、「足切り」だ。

それを「ノー勉」で臨もうというのであれば、落とされても仕方がない。

筆記試験には確実に一つの正解がある。答えのない難題への挑戦とは違い、過去問を解きまくれば絶対に突破できる「ハズレなし」のゲームだ。

点数が取れないのは、生まれ持った知能の問題ではなく、反復が足りないだけである。

応用なんて「0点」でいい

早慶、MARCH以外の私大生の多くは筆記試験に苦手意識を持っている。

ペーパー試験からずっと逃げ続けてきたのだから仕方ない。

厳しい言い方になるが、今こそ、そのツケを払う時なのだ。

「受けるからには満点通過！」と意気込むのはいいが、面接に進めば、筆記試験の点数がそのままスライドして有利に働くとは限らない。

むしろ、面接では横一線から改めてスタートをすることの方が多い。

よって、キミが狙うべきは、満点よりも「合格点」だろう。

完璧主義は邪魔でしかない。

自分では気づいていないが、「隠れ完璧主義」だという人は多い。

細かいところばかりに目がいってしまい、大局を見失ってしまうのだ。

会社によっても違うが、満点近くでないと筆記試験を通過できないという話は聞いたことがない。

例えば、公務員試験の筆記試験は「教養科目」「専門科目」の2つに分かれている。

教養科目の合格最低点は、「60%」前後、専門科目の合格最低点は、「70%」前後。

このラインをクリアできれば、例年足切りされることはほぼない。

つまり、いずれも満点を取る必要はないわけだ。

第六則

筆記試験は脊髄反射、考えたら負け。

応用問題を意識するあまり、基本問題が疎(おろそ)かになってしまう人がいる。

「基本に始まり、基本に終わる」

筆記試験をトップ通過する人は、基本に終始している。

逆に言えば、基本ができていないから落とされる。

筆記試験を通過できない人は、例外なく、基本ができていない。

基本がなっていなければ、何百回、何千回受けても、同じ結果をもたらす。

基本を制する者が、筆記試験を制するのだ。

応用問題に備える必要はないというのは、そもそも応用問題なんて出題されないからだ。

就活における筆記試験など「基本が10割」だ。

「ウソだ！　私が受けた試験には応用問題がバンバン出題されていた」と言う人は、基本問題を応用問題と勘違いしているだけ。

基本を反復し自分のものにしていないから、応用問題と基本問題の区別がつかないのだ。

筆記試験は「基本問題１００％」で構成されている。

日本の最高学府である東大の試験問題であっても、高校の教科書の範囲からしか出題されない。

基本が身についていれば、それ以上のことを心配する必要はないのである。

わからなければ「捨て問」にしろ

筆記試験は脊髄反射、考えたら負け。

もし仮に、本当に応用問題や奇問なるものが出題されたとしよう。

それは満点を取らせないための試験作問者の「エゴ」だ。

近頃は何かと「○○ハラスメント」と呼ぶことが多いが、私はこのように試験策問者の放漫を「テストハラスメント」、略して「テスハラ」と名付けたい。

テストの趣旨や目的から外れて、重箱の隅を突っつくような問題や教科書に載っていないような問題を出題し、就活生に対して精神的嫌がらせをするわけだ。

といっても、それらはせいぜい、1割にも満たないだろう。

いずれにせよ、そのような難問奇問で合否は決まらない。

万が一、このようなテスハラに遭遇したら、どう対応すればいいか?

答えは簡単、「捨て問」にすればいいのだ。

すなわち、できない問題はそのまま放置してしまっていいということだ。

数問程度の「捨て問」はあってもいい。

前述の公務員試験に限らず、SPIをはじめとしたあらゆる筆記試験において、合格点は満点ではない。

捨て問を作ることも立派な戦略の一つなのだ。

そのことをトップ内定者は熟知している。

例えば、次のような問題は本番では捨て問にした方が合理的だろう。

□試験中、解くのに時間がかかる問題
□解説を見ても理解するのが難しい問題

これらに時間を取られていることの方が、就活全体から見て損失になるからだ。
キミの目的は筆記試験で満点を取ることか？
就活の目的を見失ってはいけない。
筆記試験は通過点にすぎない。
捨てても勝てる。
否、捨てるからこそ、勝てる。
「トップ内定者は完璧な人」などというのは、妄想も甚だしい。
口を酸っぱくして言うが、トップ内定者は例外なく、捨てている。
それが、逆転内定を勝ち取れる人の鬼強ルールだ。
さて、キミは思い切って捨て問にする勇気を持っているだろうか？

「進捗管理」が筆記試験対策の鍵

さて、ここまで読めば、天井がある学びの合理的な勉強法が掴めてきただろう。

筆記試験では、自頭の良さが試されるわけではない。

脊髄反射的に問題をスピーディーに解いていく処理能力の勝負である。

過去問を徹底的にこなしていれば、間違いなく合格点は取れるようにできている。

継続的に努力することさえできれば、突破できる試験なのだ。

ただし、この「継続的な努力」はそう簡単なことではない。

事実、合理的な勉強法はわかっても、多くの人が途中で挫折してしまう。

自学自習の習慣が身についていないからだ。

「努力できるのも才能だ」と言う人がいるが、努力は「仕組み」で継続できるようになると私は考えている。

ここで言う「仕組み」とは、サボりたくてもサボれない仕掛けと換言できる。

そのポイントは、「進捗管理」である。

人の意思力は何とも弱いものだ。

最初はあれだけ意欲的だったにもかかわらず、一人だと数日、あるいは数週間もすれば、すぐに誘惑に負けてしまう。

そこで、第三者の目があることで、「怠けられない」と自分に鞭を打つことができる。

私が担当する公務員試験対策のゼミでは、毎週、筆記試験対策の進捗報告を義務付けている。

「順調なペースだね。その調子で行こう！」

「今週は遅れ気味だから、来週で取り戻そう」

このように、進捗管理をしてくれる人がいるのといないのでは雲泥（うんでい）の差だ。

試験本番までの全体スケジュールをまずは把握し、そこから逆算して次のように計画を立てよう。

試験本番までの計画

←　1ヶ月ごとの計画

←　1週間ごとの計画

こうして立てた計画をもとに、キミの自学自習を管理してくれる第三者に定期的に進捗報告しよう。そうすれば、二人三脚で筆記試験を乗り切れるはずだ。

第六則を読んで気づいたこと、学んだことをまとめておこう。

第七則

見た目は「無難」がナンバーワン。

勝負すべきは「見た目」なのか？

第七則

見た目は「無難」がナンバーワン。

「面接には白いスーツで行け」などと奇抜な提案をする人がいるが、真っ赤な「ウソ」だ。

就活では、「見た目」で勝敗が決まってしまうこともある。

トップ内定者に「見た目がイマイチ」という人はいない。

頭のてっぺんからつま先まで、細部にわたって抜け目がない。

相手はキミの第一印象を「秒」で決める。

その最大の判断材料は「見た目」に他ならない。

就活において、見た目は重要だ。

身だしなみを整えることが内定への絶対条件となる。

ちなみに、「オシャレ」と「身だしなみ」は似て非なるものだ。

「オシャレ」＝自分のため。

「身だしなみ」＝相手のため。

身だしなみは、相手への配慮だ。

就活では言うまでもなく、「後者」を意識してほしい。

身だしなみとは、相手に違和感を与えないために、TPO（Time【時】、Place【所】、Occasion【場合】）をわきまえた服装のことである。

これはつまり、「そのシーンに馴染む、溶け込む」ということだ。

服装では、攻めるよりも、**「相手に違和感を与えないこと」「評価を下げないこと」を第一に心がけなくてはならない**。

なかには、「勝負スーツ」を用意している人もいるだろう。

「これを着るとテンションが上がる」という服があること自体は構わないが、勝負すべきは服装ではなく、「キミ自身」だ。

だからこそ、服装については無難に徹し、評価を下げないことを第一に考えよう。

時々、勘違いした学生が髪をシルバーやピンクに染めて大学にやって来ることがある。

そのような学生に限って、就活が迫ると真っ黒く染め直して、不自然に「地味」になる。

信念を持って髪を染めているのなら、ぜひ、そのままで就活に臨むべきだ。

それとは別に何か主張したいことがあるなら、髪の毛の色ではなく、その口ですべきだ。

今頃、「大学デビュー」しているようなら、不完全燃焼だった中高生時代の延長線上をダラダラと過ごしている「幼いガキ」そのものである。

これは単なる甘えだ。

それを開き直るなど言語道断であり、そのままの姿勢で就活を進めるなど論外だ。

そんな骨抜き学生に貴重な時間を割くほど、人事担当者は暇ではない。

トップ内定者は、口には出さないが、「見た目は無難がナンバーワン」だと知っている。

スーツは「サイズ感」が命

トップ内定者は、スーツ姿で違和感を与えない。

なかには、背伸びをして華美なスーツを揃える人がいるが、はっきり言って必要ない。通常のリクルートスーツで充分であり、その方が就活において誰に対しても違和感を与えない。

ただし、可能であれば、既製品よりもオーダーするのが好ましい。

セミオーダーであれば、3~5万円程度で購入できる。

学生にとってはそれでも大きな出費かもしれないが、そこは何とか捻出できないか検討してみてほしい。

就活後も着ることを思えば、コスパは比較的高いはずだ。

私がオーダースーツをおすすめする最大の理由は、「サイズ感」である。

スーツを選ぶ上でこだわってほしいポイントは、このたったの一つだけだ。

スーツはジャストサイズが基本。

最もイメージダウンにつながるのは、大きすぎるサイズを着ていること。

それだけで、途端に「ダサい」「頼りない」といった印象を与える。

ジャケットでは、次の点をチェックしよう。

□首
□肩
□袖
□胸
□腹
□裾

加えて、パンツでは、次の点をチェックしよう。

□ウェスト
□ヒップ
□裾

ここを間違うと一気に野暮ったくなる。
スーツを着こなすはずが、スーツに着られてしまう。
以上が、スーツで足を引っ張られないための鬼強ルールである。

相手はキミの○を見ている

第七則

見た目は「無難」がナンバーワン。

面接において、髪型、スーツ、シャツ、ネクタイ、ベルト……これらはどれも気を抜けない。

しかし、最も相手の目がいくポイントはそこではない。

覚えておくといいが、**答えは「靴」だ**。

その理由は、座った時に相手に一番近くなるからだ。

また、人による差が出やすい部分でもある。

派手な模様や飾りのついた靴や、傷だらけでボロボロになった靴を見たら、面接官はどう思うだろうか。

私なら「その靴、どうしたの？」と嫌味な質問をするかもしれない。

就活が本格化すると、一日に何件も面接や説明会に行くことになり、革靴で長距離を歩くことも少なくない。

靴は消耗品だから、歩けば歩くほど傷もつき、かかともすり減る。

定期的なメンテナンスが必須のアイテムでもあるため、必ず替えの一足を用意しておきたい。

色、デザイン、それぞれ最も無難な形のものを選べば、それが原因で失敗することはなくなる。

色に関して言えば、「黒」一択だ。
デザインについては、先端部分に横一文字の縫い目があるものを選ぼう。
これを「ストレートチップ」という。
女子学生の場合、スカートスタイルにすると、男子学生よりも靴が目立ちやすくなる。
そのため、次の3条件がテッパンとなる。

□カラーは「黒」
□パンプスは「プレーン」
□ヒールは「太め低め」

デザインは余計な要素がないプレーンのパンプスがベスト。
先端も丸すぎたり、尖(とが)りすぎたりしない、無難なものを選ぶようにしよう。
ヒールはしっかりとした太さがあり、低めのものが好ましい。
ヒールがあまり細すぎたり、高すぎたりすると疲れやすくなるからだ。
これらの条件を満たしたものを選べば、相手に対して良い印象を与えることができる。

誰も教えてくれなかった！隠れた名店

就活生はお金がない。

そのことはキミも身に染みてわかっていることだろう（そんな状況のなか、身銭を切って本書を読んでくれてありがとう！）。

特に、地方の就活生ともなれば本当にお金がない。

どれくらい金欠かというと、３００～４００円の学食すら食べられないくらいだ。

そのような学生にとっては、これ以上の出費は大きな痛手となる。

就活では、リクルートスーツ以外にも多くのものを揃えなければならない。

「就活用品だけで数十万円かかった」という人もザラにいる。

仕送りしてもらっている学生であれば、これ以上、親には負担をかけられないと思うはずだ。

そこで、１円でも安く済ませたいと考えるのが本音だろう。

だが、ここで「安かろう、悪かろう」の品を買って、後々になって後悔するくらいなら、最初から多少値が張っても良い品を揃えた方が、結果として安上がりということもある。

多くの就活生は然（しか）るべき店を知らない。

どこで何を買えばいいのか、ほとほと困り果てている人のために、おすすめのお店を２店紹介したいと思う。

1店目は、渋谷にある「ダイワ靴店」だ。

ダイワ靴店なら、2000円台の革靴が種類豊富に取り揃えられている。クーポン券を使えば、さらに5％安く手に入れることができる。

質に関しても文句なしの一級品だ。加えて、接客が大変素晴らしい点も見逃せない。感じのいい熟練スタッフが、キミに合った靴を一緒に探してくれるはずだ。


2店目は、銀座にある「美邦」だ。

銀座というと敷居が高いように感じるかもしれないが、恐れることなかれ。

ここでは、とびきり上質なネクタイが、なんと数百円から手に入る。

アルマーニをはじめとした就活シーン以外で使えるブランド品も多数あり、定価の4分の1程度で買える。美邦で売っているネクタイは、一度食べてしまったら終わりの学食とはワケが違う「一生もの」だ。

驚愕するほどの安さの秘密は、自社ブランドにある。

以上、ここで紹介したお店は、知る人ぞ知る「隠れた名店」だ。

もっともこのような情報は、大学や就活予備校でさえ、誰も教えてくれないだろう。

わざわざ、地方から出てきたのでは、電車賃の方が高くついてしまうが、近隣に住んでいる人や、都内に足を運ぶ機会がある時には、ぜひ、立ち寄ってみるといいだろう。

「眉毛の細さ」は評価に反比例する

「知性は顔からにじみ出る」という。それをもっと正確に言うとこうだ。

「知性は眉毛からにじみ出る」


眉毛の細さは、評価に反比例する。

トップ内定者は男女問わず、太く、凛々(りり)しい眉毛をしている。

ウソだと思うなら、内定者の眉毛をじっくり観察してみるといいだろう。

きっとキミも「なるほど、そうだったのか！」と心底納得できるはずだ。

細い眉毛は、いわゆる、「ヤンキー」のような印象を与える。

無論、採用担当者の印象はすこぶるよろしくない。

生まれつき眉毛の細い人は書き足してもいい。

当の本人はかっこいいと思ってやっているのだろうが、剃られた細い眉毛は、それだけで絶対に損をする。

品性を疑われてしまうのである。

これは私が社会人経験を通じて実感した厳然たる事実だ。

厳しいことを言ってきたが、眉毛はキミの印象を大きく左右する重要なパーツであることをくれぐれも忘れないでほしい。

以前、眉毛を剃るのではなく、抜いてしまって、もう生えてこないと悩む人がいた。

そのような人が前髪を伸ばして誤魔化そうとすると、今度は清潔感が損なわれ、印象が悪くなってしまう可能性がある。

これは「ナシ」だ。

では、どうすればいいのかというと、**正解は、「眉毛を描く」だ。**

男性でも、やらないよりはマシである。

ペンタイプのものを使うといいだろう。

さらに、ブラックやグレーなど、眉毛の色に近いものを選ぼう。

ブラウンだと、男性の場合、不良やヤンキーっぽい印象になってしまう。

少しでも自然に見せるように意識したい。

もともと、高学歴グループではないマイナスからのスタートを余儀なくされている人間が、見た目でさらに点数を下げてどうするのだろうか。

１００点満点中50点の人が、見た目でさらに40点引かれると、最終的には10点の超低評価になってしまう。

かなり辛辣だが、このことは真摯に受け止めるしかない。

お辞儀ひとつで就活生のレベルがわかる

プロの採用担当者は、お辞儀ひとつで就活生のレベルを見抜いてしまう。

その場で繕ったところで、一瞬にしてキミがどの程度のスペックかをプロは見破ることができる。

仮に、就活生の不出来なお辞儀を見て、低スペックだと判断しても、ニコニコ笑顔で対応してくれるだろうが、内心では「不合格」のレッテルを貼っている。

もちろん、就活生はそんなことに気づく由もない。

トップ内定者は、当たり前のことを飛びきり上手にやる。

特に、お辞儀は、相手に対する親愛の情、感謝の気持ち、尊敬の念などを表す大事な感情表現だ。だから、私もゼミの学生にはどこへ出ても恥ずかしくないお辞儀ができるように教え込んでいる。

実際、開始のチャイムがなった瞬間、教室の前に一列に並んでもらい、ゼミ生一人ひとりに挨拶をしっかりしてから入室してもらう。

もちろん、「イケてない」挨拶をしたゼミ生はもう一度やり直しとなる。

これを2年間も続ければ、一端の挨拶ができるようになる。

お辞儀とは、すなわち、「心を伝えること」に他ならない。

そもそも、心がないようでは、どんな言葉も薄っぺらなものになる。

心を込めた上で、一挙手一投足に気を配ろう。「神は細部に宿る」と言うではないか。キミにも気をつけてもらいたいポイントを伝えておく。

・頭…傾けない
・顎…床と平行
・肩…両肩を水平に
・ウエスト…重心を置く
・ヒップ…引き締める
・手…指先を揃える
・膝…両膝をつける
・足（男子学生）…かかとを閉じ、つま先は45度開く
・足（女子学生）…かかとを閉じ、つま先も揃える

また、言葉と動作を分ける（つまり、「失礼します」の発声と、頭を下げる動作を同時に行わない）と、メリハリがつき、一気にお辞儀がスマートになる。

これらの点を意識して、ぜひ、誠心誠意を込めたお辞儀ができるようになってほしい。

第七則を読んで気づいたこと、
学んだことをまとめておこう。

第八則

会話は「30秒以内」に切り上げよ。

「会話のドッジボール」になっていないか?

会話は「30秒以内」に切り上げよ。

キミの周りにも話がダラダラと長い人がいないだろうか？

自分の言いたいことを一方的に詰め込んで話すのだ。


「あれがこれで、それでこれで、だから、これがこうで〜……」


このように取り留めもなく話し続ける人をキミはどう思うだろうか？

決して好印象を抱くことはないだろう。

トップ内定者は短く区切って話す。

それが鉄則だ。

面接とて、このような「一方通行」のコミュニケーションはタブーだ。

否、日常会話から仕事まであらゆる局面で好まれないだろう。

「会話のキャッチボール」という表現を聞いたことがあるだろう。

お互いの会話が「ポンポン、ポンポン……」とテンポよく飛び交う様子が目に浮かぶ。

面接コミュニケーションの理想形だ。

しかし、現実はこのようにうまくはいかない場合も多い。

実際は、「ドーン！　ドーン!!……」と就活生が思いっきり面接官に言葉をぶつける「会話の「ドッジボール」のようになっているケースも目立つ。
目安として、どんなに長くても1回の返答は1分以内に切り上げよう。
1分と聞いて、「そんなに短くて大丈夫だろうか？」と不安に思う人もいるだろう。
そんな人はぜひ、1分という時間がどれくらいか、試しに今計ってみてほしい。
タイムウォッチの用意はいいだろうか？
それでは、スタート！

―1分後―

ハイ、そこまで！
いかがだろうか？
充分な時間だと実感できたはずだ。
何ならこれでも長いくらいだ。
できれば、「30秒以内」にまとめられるとベストだ。
「3分間で自己ＰＲしてください」などの指定がない限り、話は短い方が好ましい。

面接の質問には2種類ある

面接の質問は2種類に分けることができる。

□想定内の質問
□想定外の質問

想定内の質問とは、あらかじめ面接官から聞かれることが予想できる質問。具体的には、「志望理由」「学生時代に力を入れたこと」などである。

想定外の質問とは、「まさか、そんなことが聞かれるなんて！」と意表を突かれる質問だ。例えば、仕事とは直接的に関係のない「面接官の趣味について」などだ。

想定内の質問については、ある程度、事前に回答をまとめておく必要がある。

「カードを作ると、それを丸暗記してしまう就活生がいるので、あえて作らない方がいい」という意見もあるが、私はそれには反対だ。

カードは、丸暗記して本番でセリフのように話すためのものではない。

面接官は着飾っていない「素」のキミを見るためにも、実は自然な形で話してもらいたいのだ。

よって、カードはキーワードレベルで覚えておこう。

会話は「30秒以内」に切り上げよ。

時々「私は緊張症なので一語一句覚えておかないと心配で話せません」という人がいる。本人は「万全の準備をして……」というのだが、私に言わせれば、それこそ準備不足以外の何ものでもない。

万全の準備というのなら、全文を覚えても構わないが、そのかわり、自然な形で伝えられるように繰り返し演習を積むことが必要である。

全文を覚えて、それに従って暗唱するだけなら、録音機の方が優れている。

本番では練習通りの質問がされるとは限らない。

質問される順番もバラバラだろう。

似たような質問でも、少し表現を変えて問われたら、何と答えればいいのか、頭が真っ白になってしまうようでは太刀打ちできない。

全文を正確に覚えようとすると、それに捉われてしまうリスクもある。

そうなっては元も子もない。

臨機応変に対応できるようにしておくことが意味のある準備なのだ。

私が開発した話し方のメソッドを使えば、想定外の質問にも対応できる。

もう二度と黙り込むようなことはないのである。

では、次項以降でその鬼強ルールの詳細について説明していこう。

伝わる話し方には順序がある

第八則

会話は「30秒以内」に切り上げよ。

会話のキャッチボールを可能にするために、守ってほしいメソッドとは、**「福利の法則」**と呼んでいる話し方の順序のことである。それぞれの頭文字、ＦＫＲＩを取って、私は「福利の法則」と名付けた。

詳細を説明しよう。１番目、**「復唱」**では、相手の質問を繰り返す。質問に対して、トンチンカンな回答をする人は少なくない。

その時点で、面接官は「この人は話が通じない人だな」と判断する。アレンジ抜きに相手の質問を「オウム返し」してほしい。

それにより、相手の質問に対して的確に答えることができるのだ。質問からズレた回答を防ぐことができる。

それだけでなく、意表を突かれた質問に対しても、回答をまとめる数秒の余裕もできる。

２番目、**「結論」**では、ズバリ、回答の要点を伝える。

特にビジネスシーンでは、最後まで聞かないと要点がわからない話し方は嫌われる。

結論を伝える際のポイントは、一言にまとめよう。

「これが結論！」と一発で伝わるように、「結論から申しますと～」といっ

福利の法則

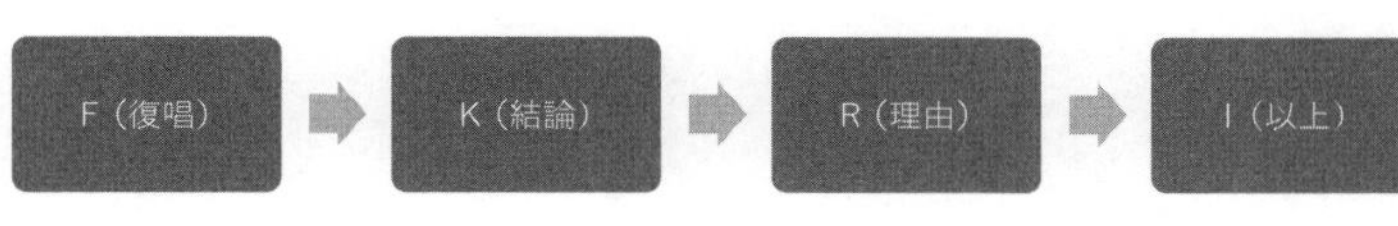

たフレーズを挟むとよりよいだろう。「結論ファースト」をどんな時でも徹底してほしい。

3番目、**「理由」**では、結論に対する根拠を示す。

結論の直後に、「なぜなら～」「その理由は～」といったフレーズを続けよう。

ここでは、呼応表現に注意してほしい。

つまり、理由を述べた最後には、必ず「～から」で締めよう。

ちなみに、理由は「3つ」あると最も説得力が高まると言われている。

1～2つでは少ないし、4つでは多い。

伝え方として、「その理由は3つあります。1点目に、～2点目に、～3点目に～」と言ったように、理由を3つ言えないか考えてみよう。

また、その際、説得力の高い理由を「後」に持っていくとより効果的である。

4番目、**「以上」**では、「ここで話を一度切りますよ」という終了のサインを出す。

「以上です」というサインは、会話の途中で相手に変な間を与えないための配慮だ。

「あれ？　話はこれで終わりかな？」と相手を困惑させないためである。

それにより、会話の歯切れが断然よくなる。

必ず毎回、「以上です」とつける必要はないので、そこは状況を見て対応してほしい。

極端に長い場合、もしくは、その逆に短い場合は、「以上です」とつけるといいだろう。

「福利の法則」を使って話せ

では、ここで福利の法則を使った具体例を示そう。

面接官「キミの長所は何ですか?」

就活生「はい、(F)私の長所は、(K)人を巻き込むリーダーシップ能力です。(R)その理由は、大学時代、部員200人を超える野球部の主将としてチームを全日本大学野球選手権大会優勝に導いたからです。(I)以上です。」

実際にキミも試してみるとわかるが、福利の法則を使えば、1回の会話を30秒以内に切り上げることができる。

前述の通り、少し短く感じる人もいるかもしれないが、これでいい。

もう少し詳しく聞きたいと思えば、相手から掘り下げて質問してくれる。

キミの話が長くなってしまう最大の理由、それは、あれもこれもと詰め込んでしまうからだ。

相手に理解してもらおうといろいろなことを考えてしまうからだろう。

「あれも言った方がいいかな」

「これも言わないと伝わらないかな」

そうして、ギュウギュウ詰めにすることで、逆に相手にはたった一つも伝わらなくなってしまうのである。

いくら相手が採用のプロとはいえ、一度に3つも4つもの話は理解できない。

結局は、**一つの会話で言いたいことを一つに絞り、30秒以内にまとめて話すのがベストなのだ。**

面接では、このような短い会話の繰り返しとなる。

前の例の会話で言えば、続きはどのような展開が想像できるだろうか？

私が面接官であれば、次のような質問をするだろう。

「主将としてチームをまとめるために工夫したことは？」

「野球部の活動を通じて、得たこと、学んだことは？」

「最も苦しかったことは？　また、それをどう乗り越えた？」

それに対して、また福利の法則を使って答えていけばいいわけだ。

「沈黙は金なり」……ではない

第八則

会話は「30秒以内」に切り上げよ。

就活生の間で有名な逸話がある。

かつて、三船敏郎氏が「男は黙ってサッポロビール」と言うＣＭが放映されていた頃、ある就活生がサッポロビールの入社試験を受けたらしい。

そこで、その就活生は面接官の質問に対し、終始無言を貫いた。

怒った面接官が「なぜ、黙っているんだ！」と尋ねると、就活生はこう答えたという。

「男は黙ってサッポロビール」

この発言で、就活生は見事、逆転内定をもらったそうだ。

ちなみに、その後、同じことをする就活生が増えたため、真似をした人は即不採用になったらしい。

「沈黙は金なり」という格言があるが、面接において、それは間違いだ。

面接では、黙り込んだ時点で負けが確定する。

一口に「答えられない」と言っても、いくつかの理由が考えられる。

❏緊張による「ど忘れ」

□知識不足・勉強不足
□言葉が見つからない

もし、即答できないような想定外の質問であっても、福利の法則を使えば対応できる。
例えば、知識を問うような質問が出された場合はどうだろうか。

面接官「ＴＰＰの正式名称を答えられますか？」

この場合、知識がなければ、今の自分の頭でどれだけ考えても出てこないだろう。
そこで、福利の法則を使って答えると次のようになる。

「はい、私はＴＰＰの正式名称について、今は答えることができません（申し訳ありません）。その理由として、お恥ずかしながら勉強不足だからです。入社までに答えられるよう、しっかりと社会一般教養に関する知識を勉強し直しておきます。以上です」

いかがだろうか？
同じ「答えられない」でも、沈黙しているより、よほど賢そうに見えるだろう。

「最後に質問はありますか？」の意図

面接官がキミに求めているのは、誰もがアッと驚くような斬新な意見でも、奇想天外なアイデアでもない。

面接官はキミに、質問に対して的確に答えてほしいだけだ。

極端な話をすれば答えはAであろうが、Bであろうが、相手にとってはどちらでもいい。

「Aと答えたら採用で、Bと答えたら不採用」といった評価はしていない。

実際に私がある人事担当者から直接聞いた話。

「極端な話、回答はAでもBでも構わない。大事なのは、自分の考えを相手にわかりやすく伝えることができるかどうかなのだ」


面接官の質問に対して的確に答えるために大事なことは、その意図を汲むことだ。

意図とは、相手が本当に聞きたい真意のことである。

「この質問では何を問われているのか？」を常に意識しよう。

代表的な例を挙げるとすれば、「最後に質問はありますか？」という質問だ。

面接の終わりに必ずと言っていいほどよく聞かれるだろう。

これには、**「最後にもう一度、自己アピールしてもいいですよ」**というニュアンスが含まれている。

会話は「30秒以内」に切り上げよ。

つまり、面接官の質問の意図として、ここで質問したいことがなかった場合、最後にもうひと押し自分をアピールできるかどうかを試しているわけだ。

トップ内定者はそのことをわかっているから、あらかじめ最後のひと押しで伝える自己アピールを用意している。

キミも「質問ではありませんが、最後にもう一度だけ、熱意をお伝えしてもよろしいでしょうか？」と聞いてみるといい。

それで断られたというケースは、私は一度も耳にしたことがない。

このように言葉を額面通りストレートに受け取ってはいけない質問もあるということだ。

もし、会話の途中で、「ん？」と思うことがあれば、あやふやにしないことだ。

質問の意図がわからなければ、「○○という解釈でよろしいでしょうか？」と聞き返して問題ない。

黙り込んだり、見当違いの返答をするよりはるかに賢いと言える。

実際、面接を行っていると、志望理由を聞いているのに、自己ＰＲに終始してしまっている人や途中で何を言っているのかわからなくなってしまう人が続出する。

最初に質問の意図を正確に理解し、福利の法則を使って落ち着いて話せば、このような事態は免れる。

へそ聴き、頷き、アイコンタクト

第八則

会話は「30秒以内」に切り上げよ。

ここまで話し方についてお伝えしてきた。

だが、面接は相互コミュニケーションである。

会話は一方的に話すだけでは成り立たない。

相手の話を「聴く」ことも重要だ。

実際、面接においては、話すことよりも「聴くこと」の方がはるかに大事だと私は思う。

次のようなやりとりは、集団面接でよくある光景だ。


「では、キミ。たった今、隣の学生が話していた内容を要約してみて」


自分が何を話そうかということで、頭がいっぱいになってしまい、他の人の話をまったく聴いていないのだ。

それを面接官に見抜かれて、「頭が真っ白になる」という失態を演じるわけである。

トップ内定者は聴く姿勢が群を抜いて素晴らしい。

聴く姿勢をしっかりと身につけていれば、それだけで他の就活生から頭一つ抜きん出ることができる。

ここで、キミが話をしっかり聴いていることが、相手に伝わる3つのワザを紹介しよう。

「へそ聴き」
「頷き」
「アイコンタクト」

1つ目に、へそ聴きについて、「へそで聴く」とは、身体ごと相手に向けて話を聴くということだ。

これにより、相手に対して積極的に聴いている印象を与えることができる。

2つ目に、「頷き」について、相手が要点を言い終えたタイミングで首をゆっくり縦に振ろう。

これにより、相手を受け入れ、肯定している印象を与えることができる。

3つ目に、「アイコンタクト」であるが、相手に視線をやり、目で合図しよう。

これにより、相手に対して集中して聴いている印象を与えることができる。

以上のワザを駆使して、「私はあなたの話をしっかりと聴いていますよ」とさりげなく伝えよう。

この鬼強ルールをさりげなく使いこなせるようになれば、相手は安心して話すことができる上、キミ自身の評価も「爆上げ」間違いなしだ。

上達する人が面接後に必ず行うこと

世の中には、面接がどんどん上達する人と、一向に伸びない人の2種類の人種がいる。

上達する人は面接後に必ずあることを行っている。

それは、面接の「振り返り」だ。

この差がトップ内定する人と内定をまったくもらえない人との違いを生み出す。

「振り返りなくして、上達なし」だ。

振り返りは面接直後に行わないと忘れてしまうので要注意だ。

ここで、自宅で1人でできる模擬面接の演習と振り返り法についても紹介しておこう。

相棒は「スマホ」と「三脚」だ。三脚は比較的安いものなら1000円もかからず購入できるので、ぜひ調達してもらいたい。

スマホと三脚を活用し、模擬面接演習を撮影することで自分を客観視できる。

模擬面接演習がひと通り終わったら、面接改善シートを作成しよう。

次のページにフォーマットを添付するので、コピーして何度も使ってほしい。

具体的な改善点を最低でも10箇所以上は必ず挙

スマホと三脚

げよう。

面接に慣れてきた人でも、しっかり観察すれば、必ず改善点が見えてくるはずだ。

さらに、次の手順で模擬面接動画を見直せば、改善点も見つかりやすい。

①そのまま見る。

②音を消して見る。

③音声だけ聴く。

原則として一度につき、2セット単位で模擬面接演習を行おう。

例えば、「10分模擬面接＋10分振り返り」で1セットとし、これをもう1回繰り返すようなイメージだ。なぜ、2回行うのかというと、その日の改善点がその場で着実に修正されているか、確かめるためだ。

地道な取り組みだが、ここまでやれば確実に上達が見込める。

トップ内定者は、このような地味な作業を愚直にこなしている。

トップ内定者がやっているのに、キミがやらないなんてあり得ない。

楽して内定を取るなどという安易な考えは今すぐ捨てて、人の3倍、4倍努力するつもりで就活に臨め。そうすれば、自ずと道は拓けるはずだ。

実施日：　　年　　月　　日

【面接改善シート】

模擬面接演習を行い、「×改善点 ➡ ○ 改善策」を記入してください。

01. ×　➡ ○

02. ×　➡ ○

03. ×　➡ ○

04. ×　➡ ○

05. ×　➡ ○

06. ×　➡ ○

07. ×　➡ ○

08. ×　➡ ○

09. ×　➡ ○

10. ×　➡ ○

11. ×　➡ ○

12. ×　➡ ○

13. ×　➡ ○

14. ×　➡ ○

15. ×　➡ ○

第八則を読んで気づいたこと、
学んだことをまとめておこう。

第九則

正面突破がダメなら「裏口」から入れ。

裏口から入れば「倍率1倍」

第九則

正面突破がダメなら「裏口」から入れ。

「真っ向勝負」と聞くと、何やら正々堂々とした印象を持つ。

しかしながら、就活においては真っ向勝負していいのは、ブランド大学に在籍する就活生だけだ。

それ以外の人は、残念ながら大学名で門前払いされる可能性も極めて高い。

一度、自分の目で確かめてみれば納得するかもしれない。

もし、「この本に書いてあったことは本当だったな」と腹落ちしたならば、次の手を考えるのみだ。

また、真正面から入れなかったからといって、「もう道がない」と落胆するのはいささか早計だ。

真正面から入るのが難しければ、裏口から入ればよい。

就活は目的ではなく、「手段」である。

就活に限らず、勝負事における最善策は、「戦わずして勝つ」ことだ。

このことは、「孫子の兵法」と呼ばれ、戦略の基本中の基本として知られている。

「裏口」と聞くと、不正を連想する人もいるだろう。

確かに、大学入試などで「裏口入学」と言えば、不正行為と直結する。

しかし、ここでいう就活の裏口とは、入社にあたっての立派な正規ルートの一つだ。

もちろん不正はダメだが、法やモラルに触れないのであれば、入口に執着しないことだ。

裏口から入れば、倍率は1倍へと引き下がる。

つまり、**「自分との戦い」に持ち込めるというわけだ**。

入り込む方法を考えるのも就活生の役目だ。

入口よりも肝心なのは、内定をもらった「後」である。

入口よりも「出口」の方が肝心なのだ。

どこの会社に入ろうとも、その後、「どのようなキャリアを過ごすことができたか」が大事となる。

内定はゴールではない。

入社してから5年後、10年後と経って、キミはどうなっているのか、何ができるようになっているのか。

入社時はトップであっても、その後、芽が出なければ、結果として、不採用になった方がよかったということもあり得る。

トップ内定者は、入口にこだわったりしない。実際、裏口から入社した例も枚挙にいとまがない。では、どうやって裏口を見つけるのか？　具体的に、次項以降、その方法をお伝えしていこう。

「エレベーターピッチ」を身につけよ

キミは「エレベーター・ピッチ（ＥＰ）」という言葉を聞いたことがあるだろうか？15〜30秒程度でインパクトのある売り込みをするプレゼンスキルである。

もともと、エレベーターの中で行われたことから、こう呼ばれるようになった。

ハーバード・ビジネススクールをはじめ、海外トップＭＢＡに入学すると、真っ先に叩き込まれるのが、このスキルである。

ＥＰこそ、裏口入社には欠かせないスキルと言える。

ＥＰを身につけることで、伝え方上手になれるだけでなく、いかなる場所でも物怖じせずに話せるようになる。

ここで最も重要なことは、説得力のあるプレゼントークの作り方ではない。

自己アピールの場とは、「勝ち取るもの」であり、「与えられるものではない」という考え方だ。

自らチャンスを掴みに行く努力をしなければ、「棚から牡丹餅」は落ちてこない。

ＥＰができるのは無論、エレベーターの中だけに限らない。

信号待ちの交差点、バス停、トイレの手洗い場、喫煙所、駅のホーム、公園のベンチ、オフィスの入口……ＥＰを身につければ、このように日常のあらゆる場所が面接会場になる。

貴重なチャンスを無駄にしないためにも、ジャストタイミングで本領発揮できるように、日頃から準備しておくのだ。

自己紹介の作り方は、ネットで検索すればいくらでも出てくる。

まずはそれらを参考にして、30秒程度のインパクトのある自己紹介を練ろう。

実際、それまで面識のなかったゼミ生の塩浦さんは、ＥＰを成功させてゼミに滑り込んだ。

講義後、研究室に戻る途中、エレベーター前で一人の学生から声をかけられた。

「女子サッカー部2年の塩浦です。小杉先生の講義を履修して、ゼミに興味を持ちました。就活についても相談させていただきたいと思っています。ぜひ、お願いします！」

シンプルだが、熱意を感じられるプレゼントークだった。

本人にその気はなかっただろうが、無意識にＥＰを実践していたわけだ。

後で調べてみたら、お世辞にもＧＰＡ（大学の学業成績）は高いとは言えなかったが、数字に表れない能力、度胸を見込んでゼミに受け入れた。

そんな彼女が今やゼミ長として、大いに活躍してくれている。

勇気あるアクションがなければ、きっとキャンパスですれ違っても、お互い見知らぬ人のままだっただろう。

人生は「オーディション」だ。人生は「自己推薦入試」だ。人生は「立候補」だ。

望む未来は自らの手で切り拓け。

「将軍ゲーム」で実践を積め

正面突破がダメなら「裏口」から入れ。

ＥＰの具体的な練習方法について紹介しよう。

コミュニケーション能力を劇的に向上させる、とっておきの方法がある。

名付けて、**「将軍ゲーム」**だ。

私が考案したこのゲームのルールを説明しよう。

将軍ゲームとは、街に繰り出して、実際に歩行者に声かけをする「ナンパゲーム」だ。

「ナンパなんて不謹慎だ！」と怒りを覚える人もいるだろうが、少し聞いてほしい。

ルールはいたって簡単。

渋谷などの人通りの多い交差点（駅前のスクランブル交差点がおすすめ）にそれぞれ１人ずつ、計４人が待機する。

そして、信号が青に変わり次第、「かかれー！」の合図で一斉に出陣する。

４つの軍（!?）が入り乱れて、戦の始まりだ。

あとはひたすら、通り過ぎる人に声をかけるのだ。

ここでも重要なのは「振り返り」だ。

何度も声をかけるなかで、いくつかの知見が得られるはずだ。

「相手がイエスと言いやすい声かけをする」

「後ろから声をかけると反応がよくない」

「服装は私服よりもスーツの方が好反応」


振り返りを行うことによって、こういった実践から得られた知見が蓄積されていくのだ。

その際、振り返りは一緒に出陣している4人で行うと尚いいだろう。

やや過激な方法だが、効果は抜群だ。

自分自身にノルマを課し、例えば、「1日100人声かけ」などのノルマを課し、声かけの結果如何にかかわらず、ひたすら100人を目標に声をかけまくるのだ。

2カ月も実践すれば、間違いなく、コミュニケーション能力を獲得できる。

冒頭で述べたように、ナンパに対して、偏見を持っている人はいるが、私に言わせれば、それこそ、別の何か邪な考えを持っているのではないかと疑ってしまう。

では、キミはいつでもどこでも気軽に人に声をかけられるだろうか?

ナンパをバカにするのはそれからにしてほしい。

ナンパができる人は、電車で席を譲ることもできる。

より短期間で飛躍的にコミュニケーション能力を向上させる実戦演習を私は知らない。

尚、迷惑キャッチのような行為は、当然ながら、条例にも違反するので、あくまでも節度を守って行うように。

アルバイトから
チャンスを掴め

アルバイトから正規雇用されるチャンスを掴む方法を2つ紹介しよう。

一つはアルバイト中にお目当ての人物がお客様として来店した際、お近づきになるという方法である。

オフィス街の近くの居酒屋は、仕事を終えて一杯飲みに来るビジネスパーソンで賑(にぎ)わう。それを見越して、あえてそうした飲食店でアルバイトをする。

キミのお目当ての会社があるなら、そのオフィスがある近場の居酒屋でもいいだろう。そこで働いていると、高確率でその会社の社員がやって来る。

時には、部長クラスの社員や人事担当者にも遭遇できる。

運よくキミの仕事ぶりを評価してもらい、話しかけてもらえたらこっちのものだ。すかさず、準備していたEPを実践してキミ自身をここぞとばかりに売り込もう。

その時、相手はキミだけを評価対象として見てくれる。

その場にライバルはいないので、誰からも邪魔されることなく存分にアピールできる。自己紹介の際、作成した学生名刺を手渡し、相手と連絡先を交換し、後日のアポイントメントへとつなげるのだ。

これくらい気概のある学生がいたら、私なら、自身の経営する会社で絶対に採りたいと思う。

正面突破がダメなら「裏口」から入れ。

もう一つは、アルバイトでお目当ての会社に潜入し、虎視眈々と正規雇用を狙う方法だ。コンビニ業界、レジャー業界、食品業界、出版業界など、人が不足している業界では、常に即戦力を探している。

アルバイトから正規雇用されるのも決して夢ではない。

日頃から業界の仕事に携われるわけだから、自分に合っているかどうかも判断できる。少なからず現場を知っていれば、会社としてもまったくの未経験者より、戦力として計算しやすいので、実に合理的な戦略といえるだろう。

働いてお金をもらいながら、自分を売り込むチャンスを伺えるのなら一石二鳥だ。

実例として、ゼミ生の西村さんは私の経営する会社の塾講師として働いてくれている。後に非常勤講師から常勤講師にシフトすることも本人の希望、働き次第では可能だ。

他にもゼミ生に漫画家のアシスタントをしている学生がいる。

心底やりたい仕事が漫画家ならアシスタントからチャンスを掴んでみてはどうだろう？

キミができるか否かを決めるのは相手であり、見込みがない人間を雇ったりはしない。

無論、私は現代において正規雇用が誰にとってもベストな働き方だとは思わないが、それを望む人にとっては試してみる価値のある方法だ。

現役でダメな人は、浪人してもダメ

正面突破がダメなら「裏口」から入れ。

「納得のいく就活ができなかった」

そう言って、私のもとに相談に来る就活浪人の数が増えている。
就活浪人とは、大学を卒業して就活をする人のことだ。
浪人と聞くと、大学受験を思い浮かべる人も多いはずだ。
しかし、就活浪人は大学のそれとは大きく様相が異なる。
私が就活浪人を避けるべきだと考える理由は3つある。
1点目は、就活浪人したところで、内定の確率が上がる保証はどこにもないからだ。
むしろ、就活のスタート時期が遅れることで、劣勢に立たされるくらいだ。
2点目は、採用担当者の印象がよくないからだ。
選考で確実に「不利」に働く。
就活浪人をしたら、翌年は「マイナススタート」と思っていた方がいいだろう。
3点目は、「逃げの選択」になりがちだからだ。
就活浪人すれば、内定は取れるだろうという安易な考えに至るわけだ。
就活浪人すれば受かると思っている人は落ちる。
以上の理由から、断固として「現役」での内定にこだわってほしい。

訳あって就活浪人をしているなら、断固たる決意が必要なのだ。

□就活浪人をしようと思った理由
□就活浪人中に成長したこと

面接で必ずと言っていいほど聞かれる。

一方、現役時に志望する会社から内定を取れなかったなら、それが自分の今の実力だと認めよう。

もし、他に内定をもらっているなら、置かれた場所で咲くことに意識を集中させるのだ。

「就活浪人して、もう一年続ければ何とかなるかも……」と考える気持ちはわからなくもないが、どんなに苦しい状況に陥ろうとも自分に負けるな。

インドの政治家、ジャワハルラール・ネルーは言った。

「戦においては、1人が1000人に打ち勝つこともある。しかし、自己に打ち勝つものこそ、最も偉大な勝利者である」

倍率1000倍を超える会社から内定をもらうことは素晴らしい。

だが、ラクな道を選択せず、己に打ち勝つことはもっと素晴らしい。

「新卒は一度キリ」なんてウソ

日本には新卒を重宝（ちょうほう）する会社がまだまだ多いようだ。

私が経営する会社では新卒採用にこだわりはないが、それでも「新卒採用は人生で一度キリしかない」と言って、新卒採用の価値を強調してくる人が大勢いる。

ここでは、新卒採用の価値については一旦置いておくが、一つだけ言えることがある。

それは「新卒は一度キリ」は事実ではないということだ。

実際、私は新卒として二度、就活を経験した。

「一度でも就職したら、もう二度と新卒には戻れない」という声が聞こえてきそうだ。

確かにその通りである。

ちなみに、ここでは「就活浪人をしたから?」という回答は違う。

では、タネを明かそう。

新卒採用を二度経験できる、とっておきの裏ワザ。

それが「大学院進学」だ。

実は、私は学部卒業見込みの時に一回、そして、大学院修了見込みの時にもう一回、就活を経験している。

私はもともと、大学院進学が第一希望だったが、同時に就活も経験できたことは、後々振り返ってもよかったと思う。

ちなみに、私は一度目の就活で東証一部上場のコンサルティング会社から内定をもらい、研修の一環として、福岡旅行にも連れて行ってもらった。

それでいて、大学院に進学したわけだから、内定を辞退する時は申し訳ない気持ちでいっぱいだった。

私の話はさておき、**学歴で難がある人こそ、大学院に行くべきである。**

大学院に進学し、学歴をアップさせてから再度、就活に臨むのは合理的な戦略だ。

東大も早稲田も内部生だけでなく、外部からも多くの大学院生を募集している。

実際、受験にあたっては、実力、今後の可能性の有無が評価の重要ポイントであり、その他の出身校などが理由で落とされることは、ほとんどないと言っていい。

そうすれば、就活も今とはまた違った展開になるだろう。

無論、大学院は就活がうまくいかなかった人の「逃げの選択肢」であってはならない。

大学院は「就活敗者の巣窟(そうくつ)」ではないのだ。

大学院も生半可な気持ちでは決して合格できないし、万が一、何かの間違いで入学できたとしても、そんなことでは修士論文を書いて無事に修了することなど不可能だ。

大学院で行いたい研究は何か？　大学院を通じて、どう成長したいか？

大学院を無事に修了できたならば、キャリア的にも就活浪人より断然よい。

第九則を読んで気づいたこと、
学んだことをまとめておこう。

第十則

働き方改革の前に「遊び方改革」。

就活生の7人に1人が「就活うつ」

働き方改革の前に「遊び方改革」。

「もう疲れた」

ある日、このようにプツンと気持ちの糸が切れてしまう人がいる。

就活を続けていると、ストレスと無縁ではいられない。

キミも「就活うつ」という言葉を聞いたことがあるだろう。

「就活うつ」とは、就活によるストレスが原因でメンタルに不調をきたし、うつ病の症状を呈してしまうものだ。

「うつ」と聞いて、「自分には関係ない」と思っていないだろうか？

あるデータによると、**就活生の7人に1人が就活うつだという**。

最悪、自殺にもつながるケースもあるのだから無視できない問題だ。

「就活うつになる人は、弱い人なんだろう」と考えるかもしれない。

だが、就活うつになりやすい性格の人というのは、すぐに弱音を吐くような人物像とは正反対と言える。

□真面目な人
□頑張り屋な人
□完璧主義な人

このような人こそ、就活うつになりやすい。

真面目に本書を読んで、就活に備えようと思っているキミなら充分に可能性はある。

強制的にでも「息抜き」をしなければいけない。

□内定がもらえないことによる不安
□他者との比較からくる自己嫌悪感
□挫折・失敗経験からくるストレス

個人差はあれど、就活で抱えるストレス、プレッシャーは半端ではない。

今までこれほど苦しい経験をしたことがないという人もいるはずだ。

もし、キミがそのくらい精神的、身体的に負担を感じているのなら、後述する方法を試してほしい。

前に一週間は日曜からスタートすると述べたが、土日の使い方をはじめ、遊び方を知らない就活生は実に多い。

世の中では、働き方改革が叫ばれて久しいが、その前に遊び方改革が必要ではないだろうか。

無理は一時しか続かない

「明日までに5社のESを仕上げなくてはいけない」

「この3日間で10社の説明会、面接を控えている」


このように、就活ではここ一番で頑張らなくてはいけない時がある。

こうした状況下では、多少の無理もやむを得ないだろう。

とはいえ、無理は続かないものだ。

内容にもよるが、前述したようなハードスケジュールであれば、精々(せいぜい)5日～1週間程度が限界だ。

トップ内定者は、そのことを心得ている。

無理が続けば、やがて歪みが生じ、深刻な問題となって露呈する。

就活は短距離走ではない。

マラソンのような「長距離走」だ。

長期戦においては、たった1回、ホームランを打つよりも、コンスタントにヒットを打ち続けることの方が大事だ。

一次面接は絶好調だったが、二次面接はからっきしダメということもある。

年間を通じて、コンディションを保たなくてはならない。

そのような人に足りなかったのは、息抜きをして、一旦、頭をクールダウンさせることだったのではないだろうか。

就活を無事に乗り切るためには、息抜きが欠かせないということだ。

最初の100mを全力疾走して、一時的に1位に躍り出ても、その後が続かなければ就活で結果を残すことはできない。

ペースを考えずに、がむしゃらに就活を行っているようでは、内定には辿り着けない。

私が経営する会社では、あえて同じ面接官が二度、一人の就活生の面接を担当することがある。

就活生のモチベーション維持を見るためだ。

これが意外と効く。

1回目の面接では、その人に勢いや元気があるかどうかについても見るのだが、2回目には、その勢いが落ち着いていたり、露骨にテンションが下がっていることがしばしばある。

同じ面接官で気が緩んでいるのかもしれない。

だが、その時点で「前回は無理をしていたのだな」と判断し、採用を見送るようにしている。

やはり、こうしたことからも、無理は続かないものだと改めて実感する。

遊び方を知らない
就活生

第十則

働き方改革の前に「遊び方改革」。

トップ内定者とそうでない人との決定的な差は、遊び方を知っているか否かだ。

トップ内定者は、前述のように週末をうまく活用し、上手に遊ぶ。

一方、内定を獲得できない人は、遊び方が下手クソだ。

だから、就活にも悪影響を及ぼす。

昨今、働き方改革が叫ばれているが、私はむしろ、「遊び方改革」が重要ではないかと考えている。

就活生なら、将来どう働くかといった「働き方」について少なからず考えているはずだ。

いかに上手に遊ぶかが、就活、仕事の生産性を左右する。

それには、遊びをどう捉えるかから始まる。

遊び方ができてない人は、まず、「遊ぶ＝怠け者」といった考えを捨てることから始める必要があるだろう。

「就活生は息抜きしている暇などない」と喝を入れる人がいる。

「休むこと＝悪いこと、怠け者」などと勘違いしているのだろう。

しかし、それは間違いだ。適切なタイミングでの息抜きは就活に好影響を与える。

「少しキツくなってきたな」と思ったら、思い切って息抜きをしよう。

しかしながら、息抜きの仕方を知らない人は多い。

就活を通じて、遊び方を学べば、この先の仕事人生でも大いに役立つはずだ。

自分を追い込みすぎて、道を踏み外してしまう人もいる。

例えば、「怪しげな宗教」「違法薬物」「マルチ商法」は学生にとって陥りやすい3大トラップだ。

なかでも、昨今は50万円のUSBを、学生ローンを組ませて売りつける詐欺まがいの悪徳商法が横行しているらしい。

他の人間を勧誘すれば紹介料がもらえるので、学生は勧誘に走ることとなる。

まさに、ネットワークビジネスの典型である。

「ラクして稼ぎたい」という安易な考えがあることは間違いないが、私は必ずしもそうした学生が、怠け者だとは思わない。

むしろ、真面目すぎるほど真面目な学生ではないかと考えている。

真面目がゆえに、将来のことを悩みすぎてしまい、「闇堕ち」してしまうのだ。

もちろん、誘惑に負けて、人も巻き込もうとした加害者であることは間違いないが、その人自身も、無知、非常識ゆえに騙された、ある意味では被害者でもある。

これは偏差値の高い大学の学生は頭がいいから騙されない、逆に、偏差値の低い大学の学生は頭がよくないから騙されるという話ではない。

ヤンチャはしても下品なことはするな

遊び方ということに関して、肝に命じておいてほしい言葉がある。

「ヤンチャはしても下品なことはするな」

これは、私が小学校の頃から今もお世話になっている、鈴木啓介氏（現・日本ライフライン株式会社 社長）から教わった言葉だ。

「ヤンチャ」と「下品」は同じではない。

それどころか、天と地ほどの違いがある。

就活生のなかには、遊び方を知らない学生も多いと述べたが、普段から遊び慣れていない人がここぞとばかりに遊びだすと、途端に下品になる。

一方で、遊び上手な人には色気がある。

もう10年以上前の話になるが、とあるブランド大学の学生たちが、「思い出になる映像を残そう」などと言って、全裸になりながら日吉駅構内を走り回るという事件が起きた。

通行人が110番通報し、学生たちは書類送検されたわけだが、何とも情けない話である。

当の本人たちは面白いと思ってやったのかもしれないが、第三者的にはまったくもって笑えない。

働き方改革の前に「遊び方改革」。

酒を飲んで酔っ払っていたらしいが、笑いのセンスは皆無だし、何より下品だ。

言わずもがな品位があるかどうかは、偏差値に関係ない。

ブランド大学出身者であっても、下品な人間は下品だ。

このような「ヤンチャ」と「下品」の区別がつかないような学生は、「時すでに遅し」となる前に、もっと色気のある遊び方を学ばなければいけないだろう。

品位は短い時間でも伝わるが、それは身なり、話し方、考え方などその人全体から漂うものである。

下品な人は、見る人が見れば一瞬でわかる。

万が一、そのような人がどこかの会社に入社できたとしても、世のため、人のためになるような「いい仕事」は絶対にできない。

学生時代、羽目を外してヤンチャをすることもあるだろう。

私だってヤンチャはした。

今でも時々、ヤンチャをする（そんな時、この年になっても鈴木氏のように親身になって叱ってくれる人がいることはありがたいことだ）。

だが、羽目は外しても、人の道から外れてはいけない。

色気のある就活生になれば、自ずと採用担当者の方から声がかかるはずだ。

自分なりの息抜きを見つけよ

何が息抜きになるかは、人それぞれ違う。
就活をうまく乗り切れる人は、例外なく、自分なりの息抜きの仕方を知っている。
例えば、トップ内定者の多くは次のように息抜きしている。

□美味しいものを食べる
□よく寝る
□湯船に入る
□デートをする
□旅行をする
□スポーツをする
□カラオケに行く
□映画を観る
□本を読む
□大自然に触れる
□マッサージに行く
□アロマの香りに浸る

□住環境を変える

いかがだろうか？

息抜きと言っても、必ずしもたくさんのお金がかかるわけではない。

例えば、住環境を変えると言っても、わざわざ引っ越さなくても、カーテンを変えるだけで気持ちは変わる。

こうした些細な息抜きにこそ、心身回復の鍵は隠されているのかもしれない。

就活を無事に乗り切れる人は、自分なりのリフレッシュ方法を体得した人だけだ。

ちなみに、私の場合、「少しストレスが溜まっているな」と感じたら、決まって美味しいものを食べるようにしている。

また、地元の仲間とバスケットボールをプレーしたり、よく寝たりすることで、ストレスを解消している。

このように、ストレス発散の方法は複数持っていると尚いいだろう。

前述したように、就活は長丁場である。

うまく息抜きすることが、就活と上手に付き合う方法なのである。

些細なサインを見逃すな

就活では、体育会系のように「痛みに強い人」が有利な印象があるだろう。

「すぐに弱音を吐くなんてもっての外だ」と考える人は、強者の意見だ。

それはそれで否定はしないが、案外、日頃からグチグチ言いながら動いている人の方が、ストレスを溜め込まずに済んだりする。

すぐに痛がる「臆病者」こそ、長い就活を乗り切れたりするものなのだ。

めっぽう我慢強いというのも考えものだ。

「まだ大丈夫、まだ行ける」と自分に言い聞かせているうちに、落とし穴にハマってしまう。大きなトラブルが起こる前には、必ずと言っていいほど小さな予兆がある。


「何となく身体が重い」

「朝起きづらくなった」

「漠然とした不安に襲われる」


もし、キミにも心当たりがあるなら、黄信号だ。

これらは無意識のうちに心身が発するＳＯＳかもしれない。

こうした兆候に気づかず、または気づいてもそのまま放置していると、やがて取り返しがつかないことになる。

こうした些細なサインを見逃す人とそうでない人で明暗が分かれる。

予兆を見逃さなければ、小さな異変で食い止めることができるが、そのまま放置してしまうと、取り返しのつかない事態を招くことになる。

就活うつはその代表格であり、昨日今日で突如としてなりうるものではない。

就活を続ける上で大事なのは、「些細なサインを見逃さないこと」だ。

異変が起きる前には必ずその兆候が訪れる。

特に、起きてすぐはその人の心身状態を如実に物語っている。

異変に気づいた時点で、ケアを怠らないでほしい。

小さいことだからこそ、念には念を押して用心するのだ。

就活では知らず知らずのうちに、ストレスが溜まっている。

「これくらい大丈夫だろう」と思っていたら、気づいた時には心身ともにボロボロになっていたということもある。

自分自身の些細なサインを見逃さない人は、他人に対しても機微（きび）によく気づく。

そのような人こそ、就活で内定を獲得することができる。

ひいては、就職後も良いマネージャーとなって周囲を引っ張ることができる。

卒論で気分転換する⁉

現役の就活生は、就活と並行して卒論を書く必要がある。

私はゼミ生に「気分転換に卒論を書きなさい」と言う。

学業は学生の本分であるため、本来であれば、卒論が主となる。

また、会社も就活生が大学を卒業することを前提として内定を出している。

もし、卒論をクリアできなければ、内定取り消しとなってしまう。

優先順位としては、卒論の方が上だということを忘れてはならない。

ずっと同じことをしていると人は飽きるものだ。

実は、私もそうだ。

就活とは違うことをやろうと思った時に、ベストとなるのが、「卒論」なのだ。

就活で熱くなった頭を卒論で冷やせ。

ほとんどの大学で卒論は必須だろう。

時期を考えても、まさに「今」なのだ。

同業者からは「卒論を舐めるな！」と野次が飛んできそうだが、語弊がないように伝えるならば、卒論は気分転換代わりでも構わないから、「細く長く」取り組んでほしい。

定期試験の勉強のように、直前数日に追い込んで書き上げられるほど、卒論は甘くないということを付け加えておきたい。

「就活があるので、ゼミはお休みします」

「卒論があるので、執筆に専念します」


これらは一見すると、一つのことに全力を注ぐと宣言しているように見えるが、実際はその両方から逃げているにすぎない。

この場合、「どちらか一方に絞る」は、自分に対する甘えに他ならない。

結果として、どちらもうまくいかない。

「就活 or 卒論」ではなく、「就活&卒論」だ。

キミは就活生である前に一人の「学生」だ。

学業も就活も両方こなすのが学生の使命というものである。

これは、私が修士課程に進学した時の話だが、修士論文が書けずに修了できなかった学生がいた。

結局、その学生は中退を余儀なくされた。

これが学部なら話はもっと深刻かもしれない。

受験資格が「大卒見込み」となっている場合、最悪、内定取り消しもあり得る。

せっかくの努力が水の泡となる。

第十則を読んで気づいたこと、
学んだことをまとめておこう。

あとがき：最大級の感謝を込めて

最後まで読んでくれて、ありがとう。

実は、入学時から私が密かに注目している学生がいる。

学業優秀、学外でも仲間を気にかけ、リーダーシップを発揮してくれている。

名前は伏せるが、彼は家庭の事情で毎日、早朝から自分と家族の分のお弁当を作ってから遠距離通学している。

ある日、私は彼に「キミなら他の大学に行く選択肢もあったのでは？」と尋ねた。

すると、彼は「家族の負担を考え、特待生として入学できる大学を選びました。オファーをくれた今の大学に感謝して頑張りたいと思います」と答えた。

この言葉に私は感嘆した。

学生ながら敬服に値する。

早慶、MARCH 以外の私大も捨てたものではないだろう。

そんな彼もいよいよ、最終学年となった。

就活真っ只中で暗中模索しているが、今の姿勢を忘れなければ、彼にはきっと明るい未来が待っているのではないかと思う。

学歴なんてクソ喰らえだ。

東京大学を出ようが、ハーバード大学を出ようが、その人の持っている個性、よさは学歴では測れない。

本書を読んでいるキミが今、不利な状況からのスタートを余儀なくされているならば、学歴の壁をぶっ壊して、心の底から納得のいく就活を行ってもらいたい。

本書がその一助となれば著者冥利に尽きる。

読了後、感想や意見があれば、手紙やメールを出版社宛に送ってほしい。

必ずすべてに目を通す。

また、本書をキミの周りにいる就活生にもすすめてほしい。

困っている就活生の力になれれば幸いである。

最後になったが、本書を世に送り出す機会を与えてくださった秀和システムの皆様には、心より御礼申し上げたい。

お世話になったすべての人へ、最大級の感謝を込めて。

２０２０年 ４月吉日

御殿山のオフィスから

【参考文献】

小杉樹彦『**減点されない！勝論文**』（エール出版社）

小杉樹彦『**勝者のプレゼン**』（総合科学出版）

小杉樹彦『**20代で身につけたい働き方の基本**』（新評論）

WRITES PUBLISHING
『**大切なことに気づく365日 名言の旅**』（ライツ社）

白潟敏朗『**内定の5力**』（中経出版）

ゲイリー・グラポ
『**やりたい仕事の見つけ方 30- DAY LESSON**』
（ディスカヴァー・トゥエンティワン）

【プロフィール】

小杉樹彦 Tatsuhiko Kosugi

1986年4月7日。寅年。東京都港区生まれ、品川区育ち。

慶應義塾大学大学院修了後、約10年間にわたり一貫して教育業界に従事。現在は教育ベンチャーを経営するかたわら、大学にて教鞭を執る。ゼミでは上場・有名会社に内定者を続々輩出。就活関係者からは「内定請負人」の異名を取り、10 ～ 20代を中心に進学から就職、起業まで延べ3,000人以上のキャリア支援に携わった。

NHK Eテレ『テストの花道 ニューベンゼミ』、TOKYO MX『5時に夢中！』、日経BP社『日経ウーマン』など、教育評論家としてもTVから雑誌まで幅広いメディアで活動中。

著書『勝者のプレゼン』（総合科学出版）、『減点されない！勝論文』（エール出版社）、『20代で身につけたい働き方の基本』（新評論）、『行列のできる公務員試験対策ゼミ』（日本橋出版）などロングセラーを多数執筆。本書は13作目。

就活の鬼十則
学歴フィルターをブチ壊す逆転内定術

著者　小杉樹彦

令和2年　4月30日　初版発行

装丁　森田直／積田野麦（FROG KING STUDIO）
校正　大熊真一（編集室ロスタイム）
編集協力　菅野徹／若林優子
編集　岩尾雅彦（ワニブックス）

発行者　横内正昭
編集人　青柳有紀
発行所　株式会社ワニブックス
〒150-8482
東京都渋谷区恵比寿4-4-9えびす大黒ビル
電話　03-5449-2711（代表）
03-5449-2716（編集部）
ワニブックスHP　http://www.wani.co.jp/
WANI BOOKOUT　http://www.wanibookout.com/
WANI BOOKS NewsCrunch
https://wanibooks-newscrunch.com

印刷所　大日本印刷株式会社
DTP　株式会社 明昌堂
製本所　ナショナル製本

定価はカバーに表示してあります。

ISBN　978-4-8470-9918-2